我汝を軽しめず

われなんじをかろしめず

庭野日敬 平成法話集 2

佼成出版社

東京都杉並区、立正佼成会大聖堂で（1992年4月撮影）

新潟県十日町市菅沼、大池のほとりで（1995年7月撮影）

我汝を軽しめず

本書における「法華三部経」の各経典名ならびに品名の読みは、『新釈法華三部経』（全十巻・庭野日敬著／佼成出版社刊）に従いました。

はじめに

昭和五十三年、本会では「(創立から)四十年を一区切りとして会史をまとめておくことは大切」という開祖さまのご指導にもとづき、『立正佼成会史』(全七巻)の編纂《へんさん》が始まり、同五十八年の三月五日にその第一巻が発刊されました。

同じころ『庭野日敬法話選集』の編集も進められ、昭和五十三年十一月十五日から五十八年までのあいだに全八巻すべての刊行がなされています。当時、「庭野日敬法話選集編纂委員会」の委員長をつとめられた庭野日鑛《にちこう》現会長は、「この法話選集が本会の会員によって永く読み継がれ、末法時代における仏道修行者の聖典の一つとなることを念願いたします」と述べておられますが、その前段として「この法話選集は庭野会長(当時・開祖さま)の法話の総集成であり、また会長自らの信仰体験にもとづく言行録としての総集成でもあります」と明言されています。『庭野日敬法話選集』は、つまり本会が創立してから四十年のあいだに培われた、いわば「立正佼成会の教えの全容」であり、開祖さまが求め、示し続けられた「世界・人類の平和実現の大道」がまとめられたものであったということです。

それからも、機関誌紙はもちろん数多くの書籍や冊子をとおして開祖さまのお言葉が随時会員のもとに届けられ、教団の救い救われの展開に大きな力を与えてくださいました。

そして今年（平成三十年）、教団創立八十年を迎えた私たちには、「教団創立百年」を見すえて示された教団の基本構想、長期構想を踏まえて、新たな決意と創造が求められています。

ところで、開祖さまが機関誌紙をとおして「ご法話」をお分けくださった最後がいつであるかをご存じでしょうか。平成十年「佼成」十一月号が、それに当たります。そしてその年の春、会長先生は『心田を耕す』を著わされているのですが、会長先生は法燈を継承された平成三年以来、じっくりと開祖さま最晩年のご法話をかみしめられたうえで、「心田を耕す」という信仰者としての大事を私たちにお示しくださったと拝察できます。

さていま、新たな地平に踏み出そうとする私たちにとって、開祖さまのご遺言ともいえる最晩年のご法話は、かつて『庭野日敬法話選集』によって多くの方が釈尊の本懐や本会の眼目、そして信者一人ひとりの信仰姿勢や生き方を学ばせていただいたのと同じように、「教団創立百年」に向けた足固めをするうえで格好の指南書となるはずです。

それは、教団の長期構想の使命を証《あか》し、かつ私たちの前進と創造を助けてくださる、いわば開祖さまからの極上のプレゼントといえるのではないでしょうか。

なお、この『庭野日敬平成法話集』(全三巻)は、「佼成」誌(平成元年〜十年)に掲載されたご法話をもとに、時間的経過にともなって必要が生じた修正や、文言の理解を助けるための補筆等を行ない編んだものです。

平成三十年三月　第一巻発刊にあたって

立正佼成会教務部

庭野日敬平成法話集 2

我汝を軽しめず——目次

カバーデザイン：髙林昭太
カバー写真：星峠（新潟県十日町市）©PIXTA

第一章

足りない自分だから

仏さまの大慈大悲

素直に信じれば

私は今年（平成二年）の書き初めに「仏心《ぶっしん》　大慈悲《だいじひ》是也《これなり》」と書きました。書き終わって、その文字をじっとながめていると、「これは自分が書いたようでも、じつは仏さまが私の手をとって書かせてくださったのだ」という気持ちがしみじみと湧いてきて、しばらく何ともいえないありがたさにひたったのでした。

私たちが信奉している法華経《ほけきょう》は、壮大な世界観とあたたかい人間観に貫かれた経典ですが、その教えの根底にあるのは、一切衆生《いっさいしゅじょう》を一人残さず救おうとされる、仏さまの大慈悲心です。仏さまには、衆生の苦しみを抜き、楽を与えたいと願う、大慈大悲のお心があるばかりです。

そのような大慈悲心は、「三車火宅《さんしゃかたく》のたとえ」や「長者窮子《ちょうじゃぐうじ》のたとえ」をはじめとして、法華経の随所に示されています。

ところで、良寛さんの漢詩に「花開く時蝶来《きた》り、蝶来《きた》る時花開く」と読む対句があります。自然のありのままの姿を見れば、花のいのちと蝶のいのちは互いに呼びかけ合って、一つに通い合っているのです。

仏さまと私たちの関係も、これと同じことでしょう。仏さまは常に私たちに大慈悲心をそそいでくださっているのですが、それを知らないままに過ごす人もいます。いまの人たちは、何でも自分の意思で行動しているように思いがちですが、じつは、仏さまの大きな力にうながされているのです。ですから、ひとたび仏さまを仰ぐ気持ちになれば、その大慈大悲に包まれていることが実感できるのです。

私たちにとって大事なことは、仏さまが見守ってくださっていることを素直に信じて、ありがたくその大慈悲を頂戴《ちょうだい》することです。そうして仏さまのお心と私たちの心が一つになるとき、そこに「救い」が実現するのです。

神仏を信じる人こそ幸せ

仏さまは、目に見えない存在です。私たちのすぐ近くにおられるのに、五官で知覚することはできません。「顚倒《てんどう》の衆生《しゅじょう》をして　近《ちか》しと雖《いえど》も而《しか》も見《み》ざらしむ」（如来寿量品《にょらいじゅりょうほん》）とあるとおりです。けれども、心が顚倒していない、まっすぐで素直な気持ちの人は、何となく仏さまが身近におられる気配を感じとることができるのです。

以前、評論家の竹村健一さんが「世相を斬る」というテレビ番組のなかで、「私は神さまにかわいがられているから、何もかも思うとおりにいくんです」と語っておられました。「知識人」といわれるような人は、とかく、そんなことを口に出すのをはばかるものですが、それを万人が視聴しているなかではっきりいわれるとは、ほんとうに正直な人だなあと感心しました。

また、横綱の千代の富士（平成二年当時）が、横綱になって初めて優勝したとき、「この優勝は、だれかが後押ししてくれたような気がする」といっていました。横綱になって最初の場所をけがで途中休場して、その休場明けの場所を乗りきれたこと、それは自分の力だけではない、という思いだったのでしょう。神とか仏という表現はしていないにしても、やはりそういった存在が背中を押してくださるのを、第六感が感じとったのに相違ないでしょう。

だれしも、家庭や職場のなかで困難な問題に直面するものですし、また、それを無難に解決できた経験も多いはずです。そんなとき、それを「目に見えない存在の働き」と受けとめることができるでしょうか。私は、そういう大きな力に守られ、導かれていることを確信できる人こそ、この世でいちばん幸せな人であると思います。

私も、若いときにいろいろ困難に遭《あ》い、それを克服していくなかで、「ああ、仏さまが守ってくださっている」という体験を数限りなくしました。ですから、いつ、いかなるときでも、大安心《だいあんじん》のうちに暮らすことができるようになったのです。

たとえば、昭和三十三年（一九五八年）に、ブラジルでの「日本移民五十周年祭」に招かれて、帰りにアメリカに寄ったときのことですが、ナイアガラの滝を見物するため飛行機に乗りました。その飛行機に雷が落ちて、ガラガラッと恐ろしい音がしたかと思うと、通風孔《つうふうこう》からムーッと煙が吹き出してきたのです。七十五人の乗客は、みんな青くなってしまいました。

私は、万事を仏さまにおまかせする気持ちですし、操縦士まかせですから、あまりあわてませんでした。そんな私を不思議に思ったのでしょうか、あとで同行の人から「あのときは怖くなかったのですか」と聞かれましたが、とにかく「仏さまの手足となって、生かしていただいている」という、仏さまに全部まかせっぱなしですから、それほど心配しないわけです。

べつに、私が豪胆なわけではありません。飛行機が落ちるときは、心配してもしなくても同じなのです。それよりも、仏さまに「おまかせします」と命を預けてしまえば気が楽なのです。

そういうふうに、危機に遭遇したとき、さっとおまかせするところが信心なのです。それをおまかせせずに、「我《が》」の心であれこれ考えるから、混乱したり、絶望したりするのです。

何かで読んだのですが、「迷いの心は二つの心で、迷いのない心は一つの心だ」とありましたが、まさしくそのとおりだと思います。

いつでも「救い」のなかに

立正佼成会では、ものごとが順調に運んでいるときだけでなく、悪い現象が起きたときでも、「これは仏さまのお慈悲ですから、そのお慈悲をよくかみしめなさい」と指導しています。

それは法華経に説かれていることで、「如来寿量品」には、「或《あるい》は己事《こじ》を示《しめ》し、或《あるい》は他事《たじ》を示《しめ》す」とあります。「己事」というのは、「救い」がそのまま「救いの形」で表われることをいいます。それに対して「他事」というのは、「救い」が「苦難の形」で表われることをいうのです。

身近なことでいえば、おなかが痛み出したとしましょう。その痛みは、消化器に何か異変が起こった、という警告にほかなりません。その痛みがあればこそ、私たちは病院で診察してもらい、薬を飲み、節食して、病気という危機を乗りきることができます。もし、病原菌が腸内に繁殖しているのに痛みという警告がなかったとしたら、とり返しのつかないことになりかねません。

それと同じように、自分の身のまわりに何かよくない現象が起きたとき、それを「心のもち方や行ないに誤りはないか、よく反省してみなさい」という仏さまのお諭《さと》しと受けとれば、大事にいたらずにすむでしょう。そればかりか、それをきっかけにして、運命を拓《ひら》いていくこともできるのです。

ですから、ある種の「不運」や「不幸」というものも、その人の精神を鍛え、性質を清め、人格を高める糧として与えられるものである、ということです。ふつうの場合、そうした逆境に打ちひしがれるところですが、しっかりした信仰をもつ人は、「これも仏さまのお慈悲のあらわれに違いない」と受けとって、その苦しみを耐え抜くことができるのです。

立正佼成会も昭和三十年代には、マスコミから根拠のない批判を浴びせられたり、他教団から攻撃されたりしました。しかし、私たちはそれを仏さまからいただいた試練と受けとめて、柔和忍辱《にゅうわにんにく》の態度でそれに処したのです。それがいい薬となって、今日の立正佼成会が育ったのです。

このように、世の荒波を乗りきったとき、順調なときよりも、仏さまの大慈悲をつくづくとかみしめることができるのです。

どうか、みなさん、順調なときも逆境のときも、常に仏さまが大慈大悲をそそいでくださっていることを信じて仕事に励み、菩薩行《ぼさつぎょう》に邁進《まいしん》してください。

正直に生きる

ありがたく受けとめる

日本人の徳目の一つは、正直さだと思います。正直な気持ちでふれあっていると、いつもなごやかに、楽な気持ちで過ごすことができます。反対に、見栄《みえ》や体裁をとりつくろおうとすると、ぎこちなくなって、居心地が悪くなるものです。そんな経験は、だれにもあるのではないでしょうか。

人間は、どんな人でも本心では、正直でうそのない、素直で柔軟な生き方を求めています。

自分が何ごとに対しても正直であれば、まっすぐに人を信じることができます。逆に、「知恵出《い》でて大偽《たいぎ》あり」という言葉があるように、利口過ぎて才覚が過ぎると、そこに偽りが生じて、うそをいうようになりがちです。そして、自分がうそをついていると、人のいうことも素直に聞けなくなって、人の言葉の裏を勘繰り、だれも信じられなくなってしまうのです。また、うそをついている人は、自分さえも信じられなくなるわけで、それが怖いのです。

人生のさまざまな経験を積み、知恵が身についてくると、その経験や知恵が逆に作用し、人に負けまいとしたり、ものごとを自分の思うように運びたいという気持ちが強くなったりして、正直で素直な心をおおい隠してしまうのです。

正直に生きるには、仏さまが教えてくださった「法」に随順《ずいじゅん》することです。仏さまの教えに随《したが》っていくと、人生に不安がなく、開けっぴろげで、正直に、堂々と生きていくことができます。どんなこともありがたく受けとめていけます。正しい行ないが自然にできて、正しい結果をいただけるのです。

正直な人はなごやか

たとえば一つの仕事を引き受けるときでも、素直に受けるのと不平不満の気持ちで受けるのとでは、仕事を果たしたあとの心の状態に差が出てきます。また、その様子を見ている家族や周囲の人におよぼす影響も違ってきます。

ものごとを自分の思いどおりに運ぼうとしたり、うまくいかないときにグチの心をもったりすると、そこに「苦」が生まれます。どんなことでも、「自分の足りないところを教えてもらおう」という気持ちでありのままに生きていくと、常に心おだやかに過ごすことができます。

正直な人は、物腰や言葉がなごやかです。議論や仕事の成果を「勝った」「負けた」と競うことより、あたたかなふれあいを大切にしますから、自然に大勢の人に慕われます。さまざまなご縁をいただいて、まわりの人に支えられて、ものごとを円満に運ぶことができるのです。まさに「正直は一生の宝」です。

人さまに支えられ、自分も人さまを支えて生きるこの社会で、正直でなく、ごまかしの気持ちをもつと、うしろめたい思いから、ますますごまかしの言動に駆られてしまうものです。

ごまかす気持ちのおおもとにあるのは、損得中心の考えです。人より得をしようとして、あれこれと知恵を働かせても、自己中心の考えでは、結局は人との関係をこじらせるなど、望んでいたのとは反対の結果が生じてくるのです。仏さまの教えにふれなければ、そのことにも気づかないまま、悪循環を繰り返すことが多いのです。

大安心というご守護

私が生まれ育った新潟県十日町市の菅沼は、深い山あいの小さな村ですが、いたるところに社《やしろ》や仏さまが祀《まつ》られていました。薬師《やくし》如来、子安《こやす》観音、千手《せんじゅ》観音、村から小学校に行く途中の山道には石に彫られた大日如来が祀られ、鎮守さまの諏訪《すわ》神社もありました。

大池尋常小学校では、校長の大海《だいかい》伝吉先生から、「神さまや仏さまを拝みなさい」と教えられたものです。ですから、登下校のときには神仏に手を合わせることを欠かしませんでした。

ふだんから、なすべきことをきちんと行ない、ごまかしのない正直な気持ちで神仏に合掌すると、神さま仏さまに後押しをしていただけるように思えて、すがすがしい気持ちで過ごせます。

あれこれと才覚をせずに、正直にありのままの気持ちで過ごしていれば、自己中心の心が生じることがなく、あらゆる人、すべてのことに感謝する気持ちが湧いてきて、神仏のご守護がいただけるのです。

法華経の「勧持品《かんじほん》」に、「我身命《われしんみょう》を愛《あい》せず　但無上道《ただむじょうどう》を惜《おし》む」という一節があります。身や心を惜しまずに、仏さまの教えを学ぼうとする気持ちになると、行ないがおのずと「法」に適《かな》ったものになって、人さまとのふれあいも順調に進むなど、仏さまのご加護をいただけるのです。

私たちは、どうかすると怠けようとする気持ちが湧くこともあります。それを切り替えて、常に自分のもてる力を精いっぱい発揮するように生きることです。自分のありのままをさらけ出して努力することです。そして、仏さまの教えを守って菩薩行を続けていくことが大切です。そのなかで、大安心というご守護が得られるのです。

正直な気持ちに加えて、人さまのために働けるようになれれば、すばらしいことです。

私はよく長沼妙佼《みょうこう》先生（脇祖）から、「会長先生のように、人の話をすべて信用していると、いつかだまされて、ひどい目に遭いますよ」といわれました。それでも私は、「だまされてもいい」というのが信条でした。それがその人のためになるならば、「だまされてもいい」という気持ちでした。私をだましたことによって、その人が後味の悪い思いをして反省してくれれば、それによって私も一つ布施《ふせ》の行ないができたことになります。

正直に、真心で人を喜ばせ、世の中をよくするために功徳《くどく》を積む気持ちで、布施行を繰り返すことです。正直で素直な人は、福徳円満な相を授かります。そうした人の言動に、まわりの人が素直に目や耳を傾けるものなのです。

明るく生きる

自分が主人公に

だれもが、おだやかに明るく生きることを望んでいます。とくに年の初めには、「今年も明るく、よい年を」と願うと思います。そのときに、「よい年であるように」と願うのと、「必ずよい年にしよう」と決意するのとでは、どこか心持ちが違ってくるのではないでしょうか。

願いごとばかりの生き方は、どちらかといえば受け身です。思いどおりにならなかったり、失敗が続いたりすると、不満がくすぶり、あげくは心身の諸症状を招かないともかぎりません。失敗の原因を他人や環境に押しつけるとしたら、受け身どころか、〝人まかせの生き方〟であるといってもいいかもしれません。

「必ずよい年にしよう」と誓う生き方は、自分が主人公となる生き方です。自分がすべての面に責任をもって、目の前の困難を切り開くことで人生の妙味を味わうことができます。毎日の生活に溌剌《はつらつ》とした生きがいが生まれます。

自分がすべての面に「責任をもつ」ということは、ワンマンとは違います。比叡山《ひえいざん》に延暦寺を開いた伝教大師最澄《でんぎょうだいしさいちょう》に、「一身弁《いっしんべん》じ難《がた》く、衆力成《しゅうりきじょう》じ易《やす》し」というお言葉があります。大きな仕事を成功させようとすると、自分一人の力では限界があると知らされます。大勢の力を合わせると、それが容易にできるのです。ものごとを遂行するためには大勢の人の協力が必要ですから、みんなと力を合わせることに心をくばるようになります。ですから、人との協調性も生まれ、そこに支えられることへの感謝が湧いてきて、明るく生きていくことができるのです。

まわりの人に慕われる

「明るく生きる」ためには、ものごとが起こる原因や移りゆく様子を、正しく見て、正しく受けとめていくことが大切です。

「正しく見る」というのは、ものごとを自分本位に受けとめるのではなく、「法」に適った見方をしていくことです。「縁起《えんぎ》の法」によって、ものごとが起こる順序次第をしっかりと見極めることです。

そうすると、自分がおだやかな気持ちでふれあえば、なごやかな出会いが生まれることが目に見えてわかります。ですから、安心した気持ちで、どっしりと構えて過ごすことができるのです。

ものごとの「変化」を見つめることも大切です。すべてのものごとは、一瞬一瞬に「変化」しています。そのなかにあって、「変化」を望まず、自分の都合に執着していると、すべてが苦しみの種になってしまいます。

自分本位の考え方は、相手や環境を変えようとする〝他人本位〟の生き方ともいえます。「気の合わない相手とつきあうのはいやだ」といって、つっぱるのは、自分を主張しているように見えても、じつは相手にふりまわされているにすぎません。ですから、自分が主人公として生きていることにはなりません。

せっかくの人生を、小さなことにとらわれて浪費するのはもったいないことです。

「相手を変えよう」「変わってほしい」と望むよりも、自分がふれあい方を変えていくと、明るい気持ちで過ごせる時間が早く訪れます。そこに「まず人さま」という思いが生まれて、人さまと一体になることができます。「お役に立つのなら」「みんなが喜んでくれるのなら」と、いつでも明るい笑顔で過ごしていると、まわりの人たちに慕われるのです。

それでは相手に気をつかうばかりで、自分の存在感が薄くなると思うかもしれません。けれども、相手の幸せを思うことは、うわべだけを相手に合わせることではありません。「縁起の法」をわきまえて、「変化」を見つめて生きることは、相手の幸せを思い、相手の利益をはかることです。それこそが、自分が主人公になった、自由自在な生き方なのです。

「明るく生きる」というのは、自分の気持ちに正直なことでもあるでしょう。うそやいつわり、見栄や体裁がありませんから、だれとでも明るい笑顔であいさつが交わせて、あたたかな言葉をかけ合うことができます。反対に、貪《むさぼ》りの心でいるうちは、不安の種は尽きません。「だれかにだまされるのではないか」という疑心暗鬼をつのらせて、疲れ果ててしまいます。心が貧しい状態ですから、表情も暗く、険があります。それでは人は遠ざかるばかりで、近づいてくる人はいないでしょう。

すべてが「変化」するなかにあって、多くの人に支えられていることを常に思い起こし、素直に感謝していくことが大事です。そうすれば、何ごとにおいても努力する気持ちが湧いてきて、「明るく生きる」ことができるのです。

すべてを成長の糧に

ものごとを前向きに、積極的に受けとめることも、明るい生き方の一面です。最近、ものごとをプラスに考えるという意味で、「プラス思考」という言葉が使われます。しかし、自分にとってプラスになることはとり入れ、マイナスになることは避けて通るというのでは、そのときの価値判断を善悪や好き嫌いで下すことになります。

仮に困難なことにぶつかっても、「そのことをとおして成長できるように、と仏さまがお手配くださったのだ」と受けとめて、心の糧にしていくこともできます。それが「プラス思考」だと思います。

私が小さいころ、祖父がよく言い聞かせてくれたのは、「世のため、人のために、役立つ人間になるんだぞ」ということでした。人のために役立つ人間が尊いのは確かです。そして、人のために生きることほどありがたく、楽しいことがほかに見当たらないのも確かなことなのです。

仕事でも家事でも、どんなことに対しても、知識や経験など、自分がもつ力のすべてを投入して人さまに喜んでもらい、そこに生きがいを感じていくのが人生というものです。それこそが自分が主人公として生きることで、同時に人のために生きることであって、仏道を歩むということなのです。

常に明るく、自由自在の心境で過ごせるよう、精進《しょうじん》を誓いたいものです。

力を合わせて生きる

天分を発揮する

私たち人間には、それぞれ天分、使命というものがあります。持ち前の天分、使命を十分に発揮して、人さまのお役に立つことが人間の幸せなのですが、実際にはなかなかそういきません。なぜかというと、利己心と貪欲《とんよく》があるからです。

そうした濁った心が、天分と使命を自覚する目を曇らせて、まわりの人の領分を侵すことが力強い生き方であるかのように錯覚させるのです。さらにいえば、みんながそんな錯覚をしてまわりの人の領分を侵すので、お互いに傷つき、自分の天分と使命を発揮できないのです。それゆえ世の中に争いが絶えず、まっすぐに進歩していくことができないわけです。

法華経の「随喜功徳品《ずいきくどくほん》」に、「力《ちから》に随《したが》って演説《えんぜつ》せん」とあります。この「力」というのは、その人の才能と経験に応じてものごとを行なうことです。何ごとにも真心をこめて、自分のできるかぎりの「力」を尽くして努力することです。そうした熱意は、必ず相手を動かすものです。精いっぱい真心を尽くした行為は、充実感に満ちていて、快さがあります。

人間には、個性の違いもあれば体力の違いもあって、才能も特性も十人十色です。それぞれの才能や体力に応じて、自分のもっている力を精いっぱい発揮し、それぞれの仕事、それぞれの役割において、人さまのため、世の中のために尽くすことが、「力」を合わせて生きることです。

人さまへの思いやりの気持ちを行動に移した経験のある人は、そのとき何ともいえないほのぼのとした気分を味わったはずです。心身にこびりついていた執着がとれて、自由自在の楽しさを味わったはずです。そうした快さは、その人自身の心を清め、あたためる高貴な喜びですから、それを味わえば味わうほど人格が高まっていくのです。

支え合う関係

太陽の惑星の一つである地球は、太陽のまわりを一定の軌道を保ってまわっています。地球の衛星である月も、同じようにして地球のまわりをまわっています。なぜ一定の軌道を保っているかというと、お互いの引力によってつりあいをとっているからです。

人間の世界も、やはりそうでなければならないのです。お互いがつりあいをとりながら、強く結び合い、力を合わせて生きるのが自然な生き方といえるでしょう。

「諸法無我《しょほうむが》」という言葉をやさしくいえば、「この世の中は『もちつもたれつ』の相互依存の関係で成り立っている」ということになるでしょう。

私たちはすべて、生かされ、支えられて生きています。そのことを自覚すれば、その恩に感謝し、その恩に報いる「報恩感謝」の生活を心がけるようになるはずです。ところが、現代人の多くは、この「もちつもたれつ」の道理を忘れて、〝もたれつ〟ばかりの生き方になっているように思えるのです。「もちつもたれつ」の人間社会で、〝もたれつ〟だけになっている人たちに、〝もちつ〟の努力の喜びの大きさを、ぜひ知ってもらいたいと思うのです。

人間はだれ一人として、自分だけで生きていけるものではありません。多くの人さまに支えられ、また自分も人さまを支えることによって、人間社会が成り立っているのです。それは自然の成り立ちであり、支え合う関係のなかで、毎日のいとなみがあるのです。

ところが人間は、自己にとらわれ、ものを貪る心をもってしまうために、自然の道理にそむくような生き方をしてしまいます。そこに「苦」が生じるのです。

「苦」の根本にあるのは、ものを貪る心です。ものごとに執着する心です。自分の立場だけを主張して、相手の立場を認めない態度、自分だけの利益をはかろうとする態度です。このような偏った欲望が、苦しみや争いの原因なのです。

お陰さまのなかに生きる

私の郷里は新潟県十日町市の菅沼ですが、その村についてお年寄りから聞いた話があります。かなり以前に飢饉《ききん》があって、どこの村でも食べ物に困って苦しんでいたとき、私の村はそれほど深刻な状況にはならなかったというのです。それは食糧の備蓄が豊富だったからではなく、お互いに知恵を出し合って、食べ物を工面してみんなで分け合い、被害を最小限にくいとめたからです。みんなで助け合う精神が生きていて、ふだんからそのような生き方を心がけていたのです。

いかなる困難におちいっても、知恵を出し合えば、おのずと問題解決の道筋が見えてくるのです。そこに、力を合わせて生きるすばらしさがあります。

大事なことは、日ごろから、自分が全体のためになすべきことを行なっているかどうかです。それはつまり、自らの心に大安心があるかどうかにかかっていると思います。

私たちは何かにつけて「おれが、おれが」「私が、私が」といって、自分がいなければ何一つできないかのように思いがちですが、果たしてそうでしょうか。大きな目で見ると、みんなで支え合う輪のなかに一人ひとりがいるのです。だれしも、人さまのお陰さまや、ご恩をいただいて生活しているのです。

ですから、私たち一人ひとりが、それぞれの使命に全力を尽くして、「まず人さま」という生き方をすることが大事なのです。人と人との連帯感やふれあいを深めて、力を合わせ、思い合っていくのです。遅れる人の手を引き、力の足りない人には力を貸して、一緒に歩いていくのが人間らしい生き方といえます。

そのような生き方のなかに、生々溌剌《せいせいはつらつ》とした人生があり、それでこそ大きな安らぎを味わうことができるのです。

にこやかに生きる

人さまの心を明るくする

私がいつもニコニコしているのを見て、「何か秘訣《ひけつ》でもあるのですか」と尋ねられることがあります。そんなとき、私は答えます。

「秘訣なんてものはありません。ただ、私はいつも自分を飾らず、心を裸にしていようと心がけているだけです。いつもニコニコしていられるのはそのせいでしょう」

もちろん、自分を実際以上に見せようとする背伸びが、ときには必要なこともあります。しかし、いつもいつも背伸びをしていると、気持ちが窮屈になったり、イライラしたりするのです。そこのところで、「自分はこれだけの人間だ」と、ありのままをさらけ出してしまえば、気が楽で、のびのびした気持ちでいられるわけです。

「にこやかに生きる」というのは、自分に正直に、ありのままに生きることです。そのうえで柔和に、人さまを包みこむあたたかさをもって生きることです。人さまを慈しみ、人のために尽くすことに喜びを味わって生きることです。

私はお陰さまで、そういうおおらかな気持ちで日々を送ってきました。これまでの思い出をたどっても、いつも自分をさらけ出し、ありのままの姿で通してきました。

なぜ、ありのままの自分をいつも人の前にさらすことができたのだろうと考えてみると、つまりは「仏さまにおまかせすれば、けっして悪いようにはならない」と信じきっていたからだとしか考えられないのです。

そのようにしていると、自分が幸せであるだけでなく、まわりの人も幸せにしていけるのです。その態度や動作、言葉つきが、自然にまわりの人びとの心を明るくしていきます。

仏教で説く「和顔愛語《わげんあいご》」というのが、これです。「和顔」というのはなごやかな顔、にこやかな顔のことで、「愛語」というのは愛情のこもった言葉です。ですから、なごやかな表情で人とふれあい、相手の幸せを思うやさしい言葉で話すのが「和顔愛語」です。

日本人は古来、慈しみを惜しみなく与え合い、それがよき習慣となって、肩を寄せ合って生きてきました。人間同士のあいだに、助け合い、親和性、一体感というものが色濃く育まれてきたのです。

私の生まれ育った故郷は新潟県の豪雪地帯で、雪が三メートルも積もったものですが、自然こそ厳しかったものの、人間同士はとても仲のよい村でした。

また私の家自体が、一つ屋根の下に二家族の十二人が住むという大所帯でしたが、けんか一つしないおだやかな家庭でした。こうしたなごやかな空気のなかで、人の幸せを自分のことのように喜び、人の不幸を見れば、何とかしてあげなくてはいられないといった一体感が養われてきたのです。

オウムの恩返し

お釈迦《しゃか》さまの教えに、次のようなたとえ話があります。

ヒマラヤのふもとのある森で、山火事が起こりました。森に住んでいる動物たちは、火を恐れて逃げまどいました。

ところが、一羽のオウムが、谷川で水にくぐっては大火の上空に飛んでいき、羽についた水をふり落とすことをやめようとはしませんでした。

大きな動物たちは「そんなことで、火を消せるわけがない」といって笑いましたが、そのオウムは「私たちを育て、私たちの住んでいる森です。むだでも、こうせずにはいられません」といって、いつまでもいつまでも、火を消す努力を続けます。そして、そのオウムの姿に心を打たれた天上界の帝釈天《たいしゃくてん》が、大雨を降らせてくれたのです。

人さまのために尽くすことの大切さについて語られた、尊い教えだと思います。

「和顔愛語のすばらしいことはわかるけれど、とても長続きしない」と、途中であきらめてしまう人がいるかもしれません。また、「気分がよくないのに、なごやかな顔はできない」「愛情を感じていないのに、やさしい言葉をかけるのは自分をあざむくことになる」と思う人もいることでしょう。

大切なことは、相手の心をなごませるために努力するところにあるのです。それは、積極的にまわりの人の幸せを考えようとする慈悲心です。自分が発する言葉によって、まわりの人の心が明るくなり、幸せを感じて、それが機縁となって向上するのを助けようとする「思いやり」です。

努力して「和顔」をつくり、「愛語」を心がけていると、いつしかそれがほんものになっていきます。たとえ最初は小さな行ないでも、繰り返し実践することによって、おのずと自分のものになってくるのです。

いつも笑顔でいると、ひとりでに愉快になり、気持ちが軽くなってきます。そして、その笑顔は自分を磨き、高めるだけでなく、まわりの人たちの心を明るくさせずにはおかないのです。

あたたかくふれあう

松尾芭蕉《まつおばしょう》の句に、「よく見れば薺《なずな》花咲く垣根かな」とあります。ふつうの人なら「つまらぬもの」として見過ごしてしまうような草花に、芭蕉は尊い「いのち」を見届けているのです。表面の様子だけを見るのではなく、その奥にある尊いものに、芭蕉は手を合わせているのです。

拝むというのは、表面の様子にとらわれずに、心から相手を尊重することです。相手を信頼して、あたたかくふれあうことです。それは、同時に自分を大切にすることでもあるのです。

まわりの人とあたたかくふれあうことによって、まわりの人からもあたたかいふれあいを受けるようになるからです。そのような「縁」を広げていくことで、社会全体が「思いやり」と「やさしさ」に満ちていくようになるのです。

人さまを尊重しなければ、信用することもできません。信用できなければ、いつもまわりを警戒していなければなりません。力のある人は力で対抗しようとし、力のない人はうそやごまかしで身を守ろうとします。それでは、心の安らぐひまもないでしょう。

柔らかく、なごやかな心で人さまを大きく包み、人さまと大きく調和していく。ほんとうの幸せとは、そのような生き方のなかにあるのです。

あたたかい目で見る

美点を見れば楽しくなる

いまの日本は、かつてないほど豊かな社会になりましたが、まだ大事な課題が残っています。ほんとうに幸福な、住みよい社会というものは、人と人とのふれあいが柔らかく、お互いが許し合い、譲り合い、支え合って、なごやかに暮らしを楽しむところにあります。そのためにはどうすればよいでしょうか。
それにはまず、まわりの人を「あたたかい目で見る」ことだと私は思います。

だれにでも欠点があり、短所があるものです。と同時に、よくよく見れば美点もあり、長所ももっているのです。人の欠点ばかり目につくのと、美点や長所が見えてくるのと、どちらが心楽しいでしょう。答えはいうまでもないでしょう。

いま「よくよく見れば」といいましたが、これは積極的に美点や長所を見ようとする心がけにほかならず、つまりは「あたたかい目で見る」ことなのです。

たとえば、怒りっぽい人には、一本気な正義漢が多いものです。そこのところを見てあげて、こちらも誠心誠意で接するといいでしょう。疑《うたぐ》り深い人は、頭のいい人です。ものごとを分析して考えずにはいられない人なのです。ですから、そんな人に教えを理解してもらう場合には、仏法はきわめて合理的な教えで、「かくすれば、かくなる」という「因果の理法」に始まることを説明するといいでしょう。

引っ込み思案の人や劣等感をもつ人は、虚栄心のない清潔な人が多いものです。人に迷惑をかけたくないというやさしい気持ちが強い半面、自分の世界に閉じこもってしまうさびしい人です。そこのところを「あたたかい目」で見てあげて、心からの友だちになってあげることが大切です。

具体例をあげればきりはありませんが、すべての人に共通する基本は、相手を「仏の子」であると見ていくことです。「久遠《くおん》の本仏《ほんぶつ》」のいのちを分け与えられている尊い存在だと見ることです。とくに、ともに同じいまの時代に生まれ合わせて、ともに同じ地球上に生きている友だちだと見ることです。

それだけではありません。この世界に生を享《う》けた数十億の人のなかでも、「いま、ここ」で出会い、法華経の「縁」にふれることのできた人だと思えば、自然に合掌する気持ちがこみあげてくるはずです。

慈悲の働きは「抜苦与楽」

キリスト教は「愛」を説きますが、仏教は「慈悲」の教えです。その「慈悲」の「慈」は、梵語《ぼんご》の「マイトリー」の訳で、「最高の友情」を意味します。それはしかも、親しい友人に対してだけではなく、すべての人にあまねく友情をそそぐことです。

「悲」は、梵語で「カルナー」といいます。人の苦悩を、とり除いてあげたいと思う気持ちです。人生にはさまざまな問題がついてまわりますが、そのことで悩み苦しむ人びとの声を聞いて、自分も同感し、同情することです。自分もかつて真剣に悩んだことがあればあるほど、まわりの人の苦しみを共有することができるのです。立正佼成会の法座は、この「同悲同苦」の場であって、そこに「真の救い」が生まれてくるのは、みなさんよくご存じのとおりです。

つまり「慈悲」の働きというのは、「抜《ばっ》苦《く》与《よ》楽《らく》」ということになります。相手の苦しみを抜き去り、幸せをもたらすことです。それには、まず友情をもって人を見ることです。「あたたかい目」で見ることです。そうすれば、自然と相手の苦しみを共有することができ、自分の体験に照らして、苦しみを抜いてあげる手立てが浮かび上がってきます。幸せに導く道も、おのずからそこに見えてくるのです。

「あたたかい目」で見ようとすると、相手の欠点よりも先に、その人なりに努力している姿が見えてくるはずです。まずそれを認めてあげれば、心を閉ざしていた人も、おのずと心を開いてくれます。こちらのいうことに耳を傾けて、「なるほど、そういう考え方になればいいんですね」と、素直に納得してもらえます。反対に、相手を責める目で見ているうちは、相手は貝が蓋《ふた》を閉めるような気持ちになって、何を話しても聞いてもらえるものではありません。

逆にいえば、相手に心を開いてもらえないときは、自分がその人を「あたたかい目」で見ていたかどうか、しっかり反省できる機会なのです。そこで「お陰さまで、私のいたらないところを学ばせてもらえた」と素直に懺悔《さんげ》できれば、相手も必ず心を開いてくれます。そこから気持ちが一つに結ばれ、ともに「仏の子」として拝み合える関係が生まれていくのです。

相手と同じ目の高さに

私が全国の教会にうかがってみなさんの歓迎を受けたり、大聖堂で団参（本部参拝）の人をお迎えしたりするとき、大勢の人の前に子どもたちがいると、私はしゃがんで目が同じ高さになるようにします。そうすると、子どもたちは喜んで手を出して、握手してくれます。一人がそうすると、次から次へと手を出してきます。私が立ったままで、上のほうから手を出しても、なかなか握手してくれません。

これは、いろいろな人間関係でも同じことでしょう。相手より高い立場から指導しようとしても、反発されるばかりで、素直に聞いてくれることはまずありません。

そこで、こちらから一歩でも二歩でも下がっていくと、相手は喜んで「あなたについて行きます。一緒に行きましょう」という気持ちになってくれるのです。ここに「下がる」ことの大切さがあります。そしてこの「下がる心」も、「この人に幸せになってもらいたい」という慈悲の実践なのです。

私たちはお互いに、毎日多くの人に出会います。その一人ひとりを「あたたかい目」で見ていく、そこから仏道が始まることを深く心にとめておきたいものです。

菩薩行も楽しくできる

「諸苦の所因は貪欲」と知れ

バブル経済がはじけた今日こそ、日本そして日本人が、ほんとうの意味の豊かさを享受できる絶好機だと私は思います。

人間は確かに「物」によって生きている存在ですが、その「物」を生かすのは心であり、精神です。よく引く例ですが、水のない原野を旅する一団があって、休憩のときに水筒の水をコップ半分ずつ飲むことにしました。ある人は「たった半分か」と不平をいいながら飲みました。ある人は「半分でも飲めてありがたい」といって飲みました。どちらが幸せな人間でしょうか。どちらが豊かな人間でしょうか。

バブル経済時代（昭和六十年ごろから平成三年ごろ）の日本は、原野ではなく、川の水もたっぷりありました。ところが、多くの企業がやたらにその水を飲み過ぎて、体調をこわしたのです。そのうえ、外国からも厳しい批判と注文を浴びせられている始末です。

一方、多くの庶民は、企業群と違っていっこうに豊かさを感じることなく、常に不足感と焦燥感、疲労感でイライラしていました。それもやはり、足ることを知らない心が主な原因だったといってもいいでしょう。

お釈迦さまは法華経のなかで、「諸苦《しょく》の所因《しょいん》は　貪欲《とんよく》これ本《もと》なり」（譬諭品《ひゆほん》）と説かれていますが、今日の日本においても、まさしくその理《ことわり》が如実に現われているのです。

では、これからの日本、そして日本人は、どう生きたらいいのでしょうか。まず第一に、「貪欲を捨てる」ことです。そして「正直な、当たり前の人間に帰る」ことです。さらに、もう一つつけ加えたいのは「精神的により高く、より豊かになって、ほんとうに幸せになる」ということです。

先日、多摩大学教授で評論家の日下《くさか》公人《きみんど》さん（平成四年当時）が、テレビでこんな話をされていました。社長クラスの人たちのセミナーでも、以前は会社をどう繁栄させるかという質問が多かったが、最近は「どうすれば愛され、尊敬される会社になれるか」という問題提起が多くなった、というのです。じつにいい傾向だと思います。

利潤追求を第一とする企業でさえ、信頼と尊敬を求めているのですから、個人となればなおさらでしょう。ましてや、世界のリーダーとなるべき日本人全体としては、どうしてもそうならなくてはなりますまい。世界じゅうの人びとに親しまれ、尊敬される存在になることを、これからの大目標とすべきでしょう。

「ありのまま」でいい

では、精神的により高く、より豊かになるには、具体的にどう生きればいいのでしょうか。

その道を示してくださったのがお釈迦さまの教え、とりわけ法華経の精神にほかなりません。法華経は「菩薩《ぼさつ》」のための教えです。「菩薩」というのは、在家のままで悟りを求め、人びとの幸せのための教化と布施行を行なう人ですから、法華経はいわば「在家仏教の聖典」なのです。いや、仏教全体がもともと在家仏教なのです。

その証拠に、お釈迦さまは「方便品《ほうべんぼん》」で、「若《も》し我衆生《われしゅじょう》に遇《あ》えば　尽《ことごと》く教《おし》うるに仏道《ぶつどう》を以《もっ》てす」と、言明されています。

「会う人すべてに仏道を教える」というのですから、法華経は人間みんなのための教えなのです。

また、「諸《もろもろ》の菩薩《ぼさつ》を教化《きょうけ》して　声聞《しょうもん》の弟子《でし》なし」ともおっしゃっています。つまりお釈迦さまは、人間みんなを「菩薩」としてご覧になっていて、その「菩薩」のために「法」をお説きになったのです。

その「法」にしても、平たくいえば「こうすれば、こうなる。ああすれば、ああなる」という「因果の理法」と、「この世のすべてのものはつながりあっている」という真実を明らかにされた「諸法無我の教え」です。そして、その「法」の実践については「ありのままに生きることだ」と教えられているのです。それが、仏法の教えの要《かなめ》であるといってもいいでしょう。

仏教では「正直」ということをよく説きます。現在では「うそやごまかしをしない」という意味になっていますが、もともとの意味は「正しく、まっすぐに、素直に生きる」ということなのです。

比丘《びく》（出家修行者）には二百五十戒という厳しい戒律がありますが、在家には「五戒」だけです。ですから、その「五戒」をしっかり守って、そして「正直」さえ心がけていれば、間違いなく、常に大安心をもって生きていくことができるのです。それが「ありのままに生きる」ということにほかなりません。

当たり前に、楽々と

ただ、自分が大安心をもって生きるだけでは、「菩薩」とはいえません。まわりの人たちの幸せを願い、そうした行ないを実践してこそ「菩薩」、すなわち真の在家仏教者といえるのです。

といえば、そうした実践には苦労がつきものだと思いがちでしょう。確かに、人さまのために尽くすうえには、多少なりとも献身の精神が必要です。その献身、つまり菩薩行を苦にするか、しないか――そこが大事な分かれ道なのです。

立正佼成会で昭和五十年（一九七五年）から続けている「一食《いちじき》を捧げる運動」は、月に三日、三度の食事のうちの一食を抜いて（開始当時）、そのお金を途上国の開発に支援しているものですが、それを苦しいとこぼす人もなく、何ということなしにそれができるのです。また、街頭でも一般市民に募金を呼びかけ、いつのまにかユニセフなどに三十数億円（平成四年時点）もの献金をしています。

このように、在家信仰者の菩薩行というのは、いたって楽なのです。むしろ、それを楽しくやっているのが立正佼成会であるといってもいいでしょう。

このあいだ（平成三年）、長沼基之理事長が高松教会の新道場の入仏・落慶式に行かれたときの土産話をご紹介します。志度寺《しどじ》という名刹《めいさつ》のご住職さんが、お祝辞のなかで「立正佼成会の会員さんは、お墓のまわりの掃除から花の取り替えまで、奉仕してくださっている。それも、当たり前のことのようにしてくださっている」と話しておられたそうです。

そこなのです。そうした奉仕には時間と労力の布施行があるわけですが、それを「当たり前」のこととして、楽々とやっている。むしろ、楽しんでやっている。そこが尊いのです。尊い証拠に、そういう菩薩行をしていると、いつしか自身の人格が高まっていくのです。

『文藝春秋』の平成四年一月号に、歌舞伎役者の九代目松本幸四郎さんと七代目市川染五郎さんの親子対談が載っていましたが、そのなかで幸四郎さんがこういっていました。

「役者やってて一番楽しいのは稽古《けいこ》中でなくちゃあ。稽古するのが楽しくて仕方がないというのが本当の生き方だよ。相撲だって本当の相撲の醍醐味《だいごみ》を知るには稽古場を見ることだよ」

まことに至言だと感服しました。確かに、相撲でも楽しく稽古している若手がぐんぐん伸びていますね。そのように楽しく稽古するには、当然のことながら相手がいなくてはならない。仲間がいなくてはならない。いい仲間がたくさんいる相撲部屋が、やはり盛んになっています。

信仰でも同じで、いい仲間がたくさんいるサンガが大事なのです。阿難《あなん》が

「善き仲間とともにあることは、仏道の半ばほどに値すると思いますが」と、お釈迦さまにお尋ねしたことがあります。そのとき、お釈迦さまは、「いや、半ばではない。仏道のすべてである」と教えておられます。善き仲間、サンガがなくては、一人ひとりの信仰も高まらず、世の中全体を幸せにするエネルギーにならないからです。

サンガでの互いの磨き合いについては、昔から「麻のなかの蓬《よもぎ》」という言葉があります。ヨモギは曲がりくねって横に広がる性質がありますが、麻畑のなかのヨモギは、まっすぐ上に伸びる麻の茎の影響を受けて、まっすぐに伸びていくのです。サンガのなかの信仰者もそれと同じです。いい仲間たちの姿を見て、真似て、まっすぐな、高い人格の人間に育っていくのです。人は、善良な人と交われば自然に感化を受け、だれでも善人になるのです。

このように、在家仏教者は楽々と育っていくのが本筋です。それも最初にお話しした「コップ半分の水」のたとえのように、心のもち方次第なのです。そのことをよくよく心得て、楽しい気持ちで信仰生活を続けてほしいと思います。

とらわれない心

諸行無常の世の中で

数日前に仕事で失敗したことをクヨクヨ嘆いたり、何か月も前のできごとを思い出しては、「あのとき、こうしていれば」などと悔やむ人がいます。その一方では、楽しいことがいつまでも続くようにと願う人もいます。

それは、どちらも目の前の現象にとらわれているのです。「とらわれ」という「苦」は、自分のことばかりを考えるために、あるものをないように思いこんだり、ないものをあるように願ったりして、ますます「迷い」を深くするのです。

世の中のすべてのものごとは、必ず変化します。それが「諸行無常《しょぎょうむじょう》」という真理です。喜びも悲しみも絶えず変化していくのですから、仮に苦しみの渦中にあったとしても、その苦悩がいつまでも続くかのように悲観することはないのです。苦悩の解決に向けて一歩ずつ近づけるよう、心のもち方や行ないを切り替えていけばいいのです。また、いま幸せな境涯にいても、それがいつ変化するかわかりません。

とはいえ、執着を悪いものと決めつける必要はありません。それを前向きに活用していけばいいのです。「煩悩即菩提《ぼんのうそくぼだい》」といいますが、自分の煩悩を菩提に転じていこうという決意は、前向きの執着といってもいいでしょう。

自分が欲にとらわれがちであると気づけば、「その欲をできるだけ抑えて、現実の生活に感謝して、着実に歩もう」という反省もできます。執着を、よりよい向上に向けて生かすことが大切です。

正直な心で

私たちは毎日の一瞬一瞬に、「これは好き」「あれは嫌いだ」「これが正しい」「それは間違っている」と判断しています。それは生活経験を基準にしての判断ですが、それも一つの「とらわれ」ですから、その価値判断の違いから、意見が衝突することもあります。そればかりか、「あの人は、自分の意見を押し通すからだめだ」などと、人間関係までこじらせてしまうことにもなりかねません。

そうしたときの正しい対処法は、「自分のほうが正しい」という考えをいったん捨てることです。そして、相手を避ける気持ちを捨てて、自分が体験したことを正直に、ありのままに話せばいいのです。

正直な心でふれあうと、「あの人は私に無理ばかりいう」と決めつけていた「とらわれ」の気持ちが消えます。そして、こちらから「仲よくしたい」と飛びこんでいくと、なごやかなふれあいが生まれるのです。

目の前のできごとに一喜一憂するのでなく、何ごとにもとらわれない心を身につけるためには、信仰の先輩方の体験談を聞かせてもらうことも大切です。そして自分でも、まだ教えにふれていない方を「お導き」してみることです。するとまるで仏さまが耳元に口を寄せ、かんで含めるように教えてくださっているかのごとき妙味を味わえるのです。

そうなると、「少しでも、いいことをさせてもらいたい」「仏さまから功徳を頂戴できる自分になりたい」という思いが湧いてくるのです。

捨てれば喜びを得る

苦しみを抱えて信仰に入った人は、救われのほんとうの意味がわかるまでは、「苦しみが解決することが先決」と考えるものです。

けれども、それも一つの「とらわれ」です。つまり、信仰のほんとうの功徳とは、人さまのための働きをさせていただく気持ちになれることなのです。

「無量義経《むりょうぎきょう》」の「十功徳品《じゅうくどくほん》」に、「愛著《あいじゃく》ある者《もの》には能捨《のうしゃ》の心《こころ》を起《おこ》さしめ」とあります。「能捨」というのは、「能《よ》く捨てる」ということです。さまざまな欲や、自己中心にしがみついていた手をパッと開いて、それまで大事にしていたものを捨ててしまう。こうして、「とらわれ」から解き放たれた人が、菩薩としての喜びをいただけるのです。

欲への「とらわれ」を捨て、自分への「とらわれ」を捨てると、人さまのための奉仕に心を向けられるようになるのです。

この「能捨の心」を常に発揮して、それを喜びとされたのが、妙佼先生でした。妙佼先生は戦時中、埼玉の実家からお米をとり寄せては、会員さんに分けていました。生活に困っている人には、反物《たんもの》や着物なども、惜しげもなくあげていました。女性であれば、たんすの中身が減っていくのをさびしく思うものでしょうが、妙佼先生はかえって満足していました。また、そうした喜捨《きしゃ》の行ないを「あなたもやりなさい」と勧めるのでなく、黙々と実践されていました。「慈悲喜捨」という気持ちに徹していると、人に施すことがありがたくて、うれしくなるのです。

信仰に入る動機は、多くの人が願望成就です。けれども、いろいろな人の体験談を聞いたり、人さまを「お導き」したりするうちに、自分へのとらわれが消えて、人さまへの思いやりの気持ちに変わっていきます。そして、功徳を求める立場から、功徳を与える立場に変わっていきます。そのことがほんとうの救われなのです。

与えることが喜びになれば、その人はもう菩薩の働きをしているといっていいでしょう。仏さまにご利益《りやく》をお願いするのでなく、私たち一人ひとりが菩薩の働きをしていくことが大事なのです。

自分の幸せにとらわれるのでなく、出会う人に「慈悲喜捨」の心でふれあっていけることが、信仰のほんとうの功徳です。そのことをあらためて見つめ直し、仏になる道をまっすぐに歩んでいきたいものです。

仏さまの説法を聞くには

話の本質に耳を傾ける

二月は、涅槃会《ねはんえ》の月です。お釈迦さまはこの二月の十五日に、クシナガラの沙羅双樹の下《もと》で涅槃に入られました。けれども、「久遠実成《くおんじつじょう》の本仏」として永遠に生きておられ、いまでも常に私たちに法を説いてくださっていることが、法華経に説かれています。

そういう仏さまの説法を聞かせてもらうにはどうすればいいのかということですが、法華経の「如来寿量品」にあるように、「質直《しちじき》にして意柔輭《こころにゅうなん》に」なることです。

私たちは実際にお釈迦さまのお姿を拝むことはできませんが、日常生活のなかでふれあう方々の言葉に素直に耳を傾けていくことが、仏さまの説法を聞かせてもらうことにほかならないのです。

「質直」をわかりやすくいえば、正直、素直ということです。「柔輭」はそのまま「柔軟」と同じで、心が柔らかで、なごやか、おだやかなことです。出会う方に対していつも正直に、なごやかに、楽しく話していけば、相手も心を開いて、何でも話してくれます。こうして本音で話し合えば、お互いに納得ができて、話が弾みます。お互いに善意で出会うのですから、相手を疑うこともないのです。

世間には話し上手の人はたくさんいますが、私はむしろ、聞き上手になってほしいと思います。

聞き上手の人は、相手の話すことの本質に耳を傾けられる人です。相手がこちらのためを思ってほんとうのことをいってくれるのですから、それをまっすぐに聞くとたちまちに、仏さまから大きなご守護がいただけるのです。それが、聞き上手の功徳です。

相手の話の本質に耳を傾けるというのは、相手の慈悲心から出る言葉を耳にとめるということです。それは、どんな言葉であっても、仏さまの大慈悲心が、その人の口をとおしてあらわれたものと受けとめることです。そのようになれば、どんな言葉もありがたく受けとめられます。それが聞き上手ということなのです。

相手の幸せを願えば

よい出会いを作るためには、相手の話を素直に聞くことが第一ですが、自己主張の強い人は、人に何かいわれると、すぐに言い返したい気分になるようです。

相手がおだやかに話してくれるうちは素直に聞けるのですが、ときどき耳が痛い言葉も聞かされることがあります。人から批判の言葉を聞かされると、そのときはカッとなります。

けれども、よく考えてみると、自分には確かにそういう面があって、そういう批判の言葉を口にする相手もつらかっただろうな、と思い当たります。「それをあえていってくれるのだから、ありがたいお慈悲だな」と感謝でき、合掌できるのです。

常にそういう聞き方をしていくようにつとめていくと、何ごとにつけ、相手の言葉をとおして仏さまの教えを聞けるようになっていくのです。

話し上手よりも聞き上手が大事なのは、法座でも同じです。法座主の方が「私は説くのが得意だから」と、こと細かに教えを説いても、聞くほうでは「自分には当てはまらない」と思うこともあるものです。

むしろ聞き上手になって、法座に座る方たちの悩みを親身に聞かせてもらうようにすると、本音がスラスラと出てくるものです。自分の悩みを正直に話せると、法座の空気がなごやかになって、その悩みを解決できる法座になっていくのです。

幹部さんたちにしても、「私が結んであげる」という構えた気持ちを捨てて、相手の話にうなずきながら耳を傾けると、仏さまから智慧《ちえ》を授かって、自分が考えてもみなかった言葉がスラスラッと出てくる、という体験も多いはずです。やはり、まず相手の言葉を素直に、おだやかに受けとめて、相手の幸せを願う出会いを重ねていくことが、仏さまの言葉を聞かせてもらうことになるのです。

授かっている仏性で聞く

サンガ（同信の仲間）のなかで教会長さんの指導を受ける場合は、たとえそれが聞きにくい言葉であっても、「これは仏さまが教えてくださっているのだな」と受けとめる人もいるでしょう。ところが、そういう人でも、会社の部長さんや課長さんがいうことに対しては、「仏さまの言葉とは聞こえないな」と思いがちです。ましてや、家に帰って、奥さんや子どもたちに何かいわれると、それが仏さまからの「お諭し」とは思えないようです。

昔から「親の意見となすびの花は千に一つの無駄もない」といいます。目上の意見を素直に聞くことはもちろん大事ですが、一方では「子どもに学ぶ家庭教育」というように、目下の人から学ぼうとする姿勢も尊いことです。「耳にするもの、みな仏の説法」なのですから。

立正佼成会では昔から、「自分が変われば相手が変わる」といってきました。仏教には「一念三千《いちねんさんぜん》」という考え方があって、私たちがふと思う一念によって三千の世界が展開されていく、と見ています。つまり、自分の一念を変えることで、まわりの条件や相手の態度がどんどん変化していくのです。

人間には、相手の言葉を拒もうとする気持ちもあるのですが、それを素直に受け入れようという具合に一念を変えていくと、一つ一つの関係が「対立」から「和」のほうに、「協調」のほうにと変わっていくわけです。

私たちは「仏性《ぶっしょう》」という尊い宝を授かっています。「仏性」というのは、まわりに悩んでいる人がいれば、その人の悩みを聞いてあげたい、一緒に解決の道を求めていきたい、という気持ちです。「私が、私が」という自己中心の気持ちを、人さまの話に耳を傾ける「仏性」のほうに切り替えていけば、まわりの世界がすっかり「仏の世界」に変わっていくのです。

読経のできる喜び

読経できることがありがたい

私が牛乳店をいとなんでいたころは、朝早く配達に出かけるので、起きるのは三時ごろでした。何しろ夜の十一時、十二時ごろまで、手どりやお導きに駆けまわる毎日でしたから、睡眠時間は三、四時間しかなかったのです。目をこすりこすり起き出して配達をすませると、まずご宝前（仏壇のこと）に座ってお経をあげました。そのときの、胸のふくらむような喜びはたとえようもないもので、「ありがたい」という気持ちでいっぱいでした。

なぜ、いまさらこういうことを言い出すかといえば、近ごろ会員さんから、読経の意義について質問を受けることがたびたびあるからです。

もちろん、読経の意義には大事なことがありますが、それ以前に、お経をあげられることがどんなにありがたいことか、それがいま自分に授かっているという喜びをかみしめていただきたいのです。

地球上には約五十五億の人間がいます（平成四年当時）。その五十五億人のなかで、仏さまのご縁をいただいて、〝遇《あ》い難い〟法華経に出会っているのは、何百万人いるでしょうか。そして、その法華経をご先祖さまの前で読誦《どくじゅ》するひとときを与えられたのです。これが、すでに救われていることにほかならないではないか——こう考えていただきたいのです。

では、読経の意義について考えてみることにしましょう。

法華経の「法師品《ほっしほん》」に、「五種法師《ごしゅほっし》」ということが説かれています。それは、法華経を信受する人がなすべき「受持《じゅじ》・読《どく》・誦《じゅ》・解説《げせつ》・書写《しょしゃ》」という五つの行です。この「受持」を「正行《しょうぎょう》」といい、あとの四つを「助行《じょぎょう》」といいます。つまり、法華経を読み、声に出して誦し、人のために解説し、自分で筆をとって書写することによって、法華経の教えが心の奥の奥までしみこみ、それがいつまでも持続するというのです。

その「助行」の出発点が「読」であり「誦」なのです。「読」というのは、経典やその解説書を読むことですが、もう少し広く考えれば、法華経の信仰によって救われた体験談を読んだりすることも、そのなかに入るでしょう。「誦」というのは、声に出して読むことです。これも非常に大切なことで、朝《ちょう》夕《せき》のひとときにお経をあげますと、いつしか精神が統一されて、何ともいえないすがすがしさをおぼえます。心が洗われたようになって落ち着き、なごやかになります。読誦にはいろいろな功徳がありますが、このことが第一の功徳であると考えてもいいでしょう。

法華経の広大な功徳力

私の家では、四人の孫がまだ小さかったころから、朝のご供養に参加するようになりました。朝七時十五分になると集まって一緒にお経をあげるのですが、それを始めて三か月ぐらいたったら、それまで代わる代わるお医者さんのお世話になっていたのがすっかりなくなり、四人とも健康そのものになっていました。

それも、先にお話しした心の洗われ、落ち着き、なごやかさの功徳であろうと思われますが、もう一つは、声をあげて読誦するのはりっぱな腹式呼吸になるわけですから、その効果もあったことと思われます。

これはだれでもわかる常識的な功徳ですが、いわゆる「経力《きょうりき》」のお陰としか考えられない「読」の功徳もあるのです。

私を法華経に導いてくださった恩師の新井助信《すけのぶ》先生は、五十歳を過ぎて中風《ちゅうぶう》で倒れ、半身不随で口もきけない身となりました。その先生が、ふるえる手に鉛筆をもっての筆談で、奥さまに「法華経という経典を見せよ」と命じたのです。それも、お寺からもらった真読（漢文）のお経本を指定されました。漢籍に造詣《ぞうけい》の深い方でしたし、目が悪くて仮名まじりの訓読よりも読みやすかったからでした。

奥さまは、そのお経本を寝たきりの先生の目の前で開いて見せるのです。先生が読み終わった合図をすると、次のページを開くという具合にして、先生はついに法華経全巻を読み通されたのです。そうすると、奇跡というか、それまでの重病がうそのように治り、起きあがって自由に動きまわられるようになったのです。

私が新井先生から法華経の講義をうかがったのはずっとあとのことですが、先生はそのときのことを語られて、「お釈迦さまは偉大なお方だなあ。法華経の功徳は広大無辺だなあ」と、しみじみ述懐されていました。

なぜ法華経を読もうと思いつかれたのかは聞き漏らしましたが、私には仏さまの「お手配」だったとしか思えません。しかも、その「お手配」が私自身にまでつながっていることを思えば、ありがたくてありがたくて仕方がないのです。

読経で先祖を供養する

もう一つ、ご宝前での読経の大きな功徳があります。

仏教では、私たちは死ぬと「中有《ちゅうう》」というところに行き、ふたたび六道のどこかに生まれるのを待つ、と考えています。また、法華経では、「歴劫修行《りゃっこうしゅぎょう》」といって、何度も生まれ変わって修行を続け、ついには仏になるのが私たちのあり方である、と説かれています。

ところで、私たちのご先祖さまには、完全に仏の境地に達したという人は少ないはずです。ですから、ご先祖さまの霊にお経を聞いていただいて、早く成仏されるように願うことは、子孫として最も大事なつとめなのです。

草花にたとえていえば、現在の自分は茎です。枝葉や花は子どもです。そこになる実は孫であり、その実から曾孫《ひまご》、玄孫《やしゃご》もできるわけです。ところで、わが身である茎の元をたどってみれば、必ず根があります。つまり、ご先祖さまのお陰で自分があるのです。

ですから、その根に感謝し、肥料をあげるのは当然のことで、その肥料が朝夕のご供養にほかならないのです。根に肥料を施せば、わが身である茎も丈夫に育ち、いい花が咲き、りっぱな実がなるのは自然の理でしょう。

つまり、ご先祖さまの成仏を願って読経することで、自分自身も心身が浄化されて健康になり、その功徳は子や孫にと波及していきます。ですから、ご先祖さまへの回向《えこう》は、自分や子々孫々への回向でもあることを忘れてはならないのです。

私たちが朝な夕なに読誦する法華経のひと文字ひと文字には、仏さまの願いがこめられています。その仏さまの願いと一つになったときに、法華経の経力を頂戴することができるのです。

仏さまのご守護とは、摩訶不思議《まかふしぎ》な力で、私たちの願いをかなえてくれることではありません。私たちがどんな困難にぶつかろうと、仏さまはいつも私たちについていてくださって、「私が見守ってあげているから、大丈夫ですよ」「あなたは、そこを乗り越えることができる力をそなえているのですよ」と後押ししてくださり、私たちの力を、ありったけ引き出してくださるのです。それが仏さまのご守護です。その仏さまのお見守りを信じて、全力を尽くすことこそ大切です。

以上で、経典読誦の意義と功徳は十分に理解していただけると思いますが、もう一つ、読経の際の心得をお話ししておきましょう。

よく、こんな質問を受けることがあります。「読経するとき、ちゃんとお経文を目で追って、声にも出しているのですが、つい、きょうの仕事のことなどが頭に浮かんでくるのです。そんなときはどうすればいいのでしょうか」と。

鎌倉時代に時宗を開いた一遍上人も、念仏を称《とな》えながら念仏三昧《ざんまい》になりきれないことを反省されています。ですから、私たち在家は、あまり堅苦しく考えなくてもいいでしょう。もちろん、雑念を起こさないことが最上ですが、もし雑念が浮かんでもすぐにふり払ってしまえばいいのです。一つの雑念を次の雑念に発展させなければいいのです。禅宗ではこれを、「二念を継がない」といいます。

では、どうしたら二念を継がずにすむかといえば、いろいろな工夫もあるでしょうが、いちばん簡単な方法は、雑念が湧いたと気づいたときに読経の声をいちだんと高めるのです。そのとたんに、雑念は消えてしまうものです。

いずれにしても、経典読誦は、初信の方から幹部さんまで、欠かしてはならないお勤めであって、信仰者としての真の喜びの源泉でもありますから、どうか朝に夕に心をこめて行なってほしいと願ってやみません。

もっと素直に

法華経は「素直」を教える

近ごろつくづく思うのは、法華経は、ある意味で「素直に生きよ」という教えではないか、ということです。

たとえば「信解品《しんげほん》」の「長者窮子のたとえ」では、長者の屋敷に雇われた窮子が、二十年ものあいだ長者からいわれるままに働いて、ついに長者の跡とりとなったことが説かれています。これも、最初は逃げ出そうとしていた窮子が、長者の大きな慈悲心によって素直になれた功徳でしょう。

宝を求めて荒野を旅する人びとの話が出てくる「化城諭品《けじょうゆほん》」では、人びとが疲れ果てて、もう一歩も前に進めなくなったとき、一人の指導者が大きな城を出現させて、「あの城で、ゆっくり休みましょう」といいます。そして、人びとの疲れが癒《い》えるのを見て、「さあ、再出発しよう」と励ますと、みんなが素直にそれに従ったのです。これも「素直」の徳をそれとなく教えているといえます。

「提婆達多品《だいばだったほん》」では、八歳の竜女が舎利弗《しゃりほつ》のような大弟子をさしおいて、一瞬のあいだに成仏したと説かれていますが、これは幼子のような素直な「信」をもつ者は、必ず成仏するという教えなのです。

法華経の要といわれる「如来寿量品」には、「質直《しちじき》にして意柔輭《こころにゅうなん》に」とあり、また「柔和質直《にゅうわしちじき》なる者《もの》は　則《すなわ》ち皆《みなわ》我が身《み》　此《ここ》にあって法《ほう》を説《と》くと見《み》る」とあります。どちらも、「素直な心」の大切さを教えています。

さらに「普賢菩薩勧発品《ふげんぼさつかんぼっぽん》」では、「四法成就《しほうじょうじゅ》」が説かれ、法華経を身につけるための四つの条件の一番目に、諸仏に護念されていることを素直に信ずること、とあります。

数えあげればきりはありませんが、法華経が「素直」の思想で一貫していることが、これらの例でおわかりでしょう。

素直になると仏性が働く

私は自慢するところのない人間ですが、「素直」であるという点は、ちょっとだけ自慢しても許していただけると思います。

あるとき妙佼先生が、「会長先生のように、寄ってくる人のいうことを何でも『そうか、そうか』と聞いていると、いまにだまされて、ひどい目に遭いますよ」と、忠告されたことがあります。私は「だます人がいれば、だまされてもいいんです。ほんとうにその人の幸せになるなら、だまされてもいい、というところまでいかなきゃだめなんです」と答えました。

実際、これまで数えきれないほどの人とつきあってきましたが、だまされたことは一度もありません。こちらがそういう心になってしまうと、人をだまそうというような人は、そう近づいてくるものではないのです。

これは、祖父の教えでもあったのです。私の祖父は、「人をだましたら人さまに迷惑をかけるが、自分がだまされるぶんには、自分だけのことだからよいではないか。だから、けっして人をだましてはならんぞ」と、いつもいって聞かせてくれたものです。

「素直」の「素」というのは、まっ白い絹のことです。「直」というのは、まっすぐで正しいことです。つまり、「我《が》」という混じりもののない白絹《しらぎぬ》のような気持ちで、いつもまっすぐで正直でいるのが「素直」なのです。それは、かたくなではなく、柔らかな心です。真理に対して柔らかな心をもつことです。

先ほどあげた「如来寿量品」の「質直《しちじき》にして意柔輭《こころにゅうなん》に」ということが、「素直」そのものなのです。

近ごろの人は、よく「自我の確立」ということをいいます。それはいちおうもっともなことかもしれませんが、「素直」というのはそれより、ひとまわりもふたまわりも大きい、いやもっとかぎりなく大きいあり方なのです。

なぜなら、「素直」になりさえすれば、仏さまから授かっている「仏性」がいきいきと働き出すからです。せっかく「仏性」を授かっているのに、つい「私の考えでは……」と言い張るため、「仏性」がうしろに隠れてしまうのです。

それでは、あまりにももったいないことです。

ほんとうに「素直」になれば、言動の一つ一つに「仏性」が働いて、「久遠実成の本仏」のお心と一致していくのです。

そして、私たちにそなわる「仏性」をありのままに輝かせるためには、日常の生活で一つずつ「素直」を実践していくことに尽きます。どうぞみなさんも、このことをしっかりとかみしめてほしいと思います。

法座は佼成会のいのち

「素直」になれば、ものの見方が変わってきます。自分の見方が変わって、心のもち方が変われば、まわりも自然に変わってきます。いわゆる「自分が変われば相手が変わる」のです。

会員のみなさんのなかには、「今度はこんなお役をいただいて、たいへんだ」というような、逃げ腰の気持ちでお役をつとめている人もいるかもしれません。そういう人でも、月に何回もお参りにきて、修行しているうちに、少しずつ仏さまのお慈悲が感じられるようになって、その功徳も目に見えてくるものですから、「素直にお役をさせていただくことが大事なのだ」という気持ちになっていくのです。

初めはさまざまな個性の色が混じった絹だったのが、いつしか色が抜けてまっ白い絹になってくるのです。別な言葉でいえば、「我《が》」がとれて「仏性」が丸ごとあらわれてくる、といってもいいでしょう。

法座修行でも、やはり同じです。初めは世間のふつうの会合と同じように思って、自分の身のまわりのことなど恥ずかしくて話せないでしょうが、二度、三度と法座に座っているうちに、そうした「我《が》」がとれていって、どんなことでも素直に打ち明け、懺悔できるようになります。

それは、法座の雰囲気がそうさせるのです。みんなが、その人の話を素直に聞き、素直に共感し、その人の身になって「法」に照らして考えてあげるからです。そこから、その人を救う「結び」が生まれてくるのです。「法座は立正佼成会のいのちである」というのも、そこのところにあるのです。

つまり、「仏性」を素直に表わせる人がたくさん集まれば集まるほど、「仏性」の働きは大きくなるのです。お釈迦さまが、阿難に「善き友とともにあることは、仏道のすべてである」とおっしゃった意味もそこにあるのです。

みなさんの多くはいまでも十分に素直だと思いますが、どうか、もっともっと素直になって、「仏性」のままに行動できるようになっていただきたいと思います。

「お手配」と受けとめる

楽観主義といわれて

私はいろいろな人から、「あなたはずいぶん楽天家ですね」といわれてきました。私としては何ごとに対しても、いつも正直に、自分の気持ちを開けっぴろげにしているだけです。自分を飾らずに、出てきた問題をありのままに受けとめようと思っているので、多少むずかしい問題があっても気を楽にしていられるのですが、はたから見るとそれが楽天的に映るようです。

立正佼成会を創立したころは、羽織袴《はおりはかま》を質に入れたり出したり、七年間も質屋さん通いをしたほどですから、経済的にはギリギリの暮らしでした。根が親ゆずりの働き者ですから、仕事一途に励んでいれば生活に困るはずがないのに、好んで苦労を背負《せお》いこんでいたようなものです。

第一、そういう生活上の苦労を、苦労だと考えたこともありませんでした。「自分は仏さまの教えのとおりに実践しているのだから、必ずご守護をいただけるはずだ」と信じて、人さまをお導きすることが喜びでいっぱいの明け暮れでした。

ところで、私たちのまわりに起きるできごとには、よい面と悪い面、あるいは明るい面と暗い面の両方がそろっているものです。私が楽天的でいられたのは、ものごとのよい面、明るい面のほうを見るようにしてきたからでしょう。たとえ困難な問題にぶつかっても、それがますます悪くなっていくと考えるのではなく、よくなっていく方向のことを考えるのです。

私たちは厄介な問題にぶつかると、ついそれにとらわれます。たとえば、子どもが交通事故で入院したとか、仕事の資金繰りが苦しくて借金が増えたとか、些細《ささい》なことで隣人と大げんかをしたといった問題も出てきます。そういうとき「困った、困った」と頭を抱えこむと、ますます深みにはまるものです。そういう厄介な問題のなかにも、明るい面があるはずですから、そちらに目を向けると気持ちが楽になります。

また、そうした困った問題を、自分の反省の材料であり、向上、飛躍の糧であると受けとめれば、困った問題がありがたい「お手配」に変わるのです。

身近な幸せに感謝する

現在の日本では、ほとんどの人が物質的に恵まれた生活を送っていると思います。ところが、そうした生活に感謝ができず、不足のタネを探してはグチをいう人も少なくないようです。

昔から「欲の器には底がない」といいます。「あれも、これも」と求める気持ちが強いと、必要なものはすべて手にしているのに満足できず、いつも不平不満で暮らすことになります。それよりも、身近にあるたくさんの幸せに目を向けていけば、どんなに気持ちが楽か知れません。

江戸末期の歌人の橘曙覧《たちばなのあけみ》に、「独楽吟《どくらくぎん》」という一連の歌があります。

「たのしみは朝おきいでて昨日まで無かりし花の咲ける見る時」

「たのしみは昼寝せしまに庭ぬらしふりたる雨をさめてしる時」

いかがですか。花が咲いた、雨が降ったというような、何でもないことに楽しみを感じているのです。こういう「喜びの目」をもつ人は、それだけで幸せといえるでしょう。

また、こんな楽しみも歌われています。

「たのしみはあき米櫃《こめびつ》に米いでき今一月《ひとつき》はよしという時」

「たのしみはまれに魚《うお》煮て児《こ》等皆がうましうましといいて食う時」

清貧の生活のなかで、何でもないようなことに楽しみを感じているのですが、こういう明るい受けとめ方ができたら、それだけで幸せなはずです。

法華経の「譬諭品」にも、「諸《もろもろ》の患難《げんなん》多《おお》し」と説かれていますが、この世界は困難な問題が次々に起こるようになっています。ですから苦労が多いはずなのに、よくよく自分をふり返ってみると、むしろ恵まれた状態にあることのほうが多いのに気づくことでしょう。

それは、仏さまが救いの手をさしのべてくださっているからです。そのことに気づいて、「常に仏さまが守護してくださっている」という確信に立つと、たとえ厄介な問題に直面しても、それが仏さまの「お慈悲」であると見えてきます。

目の前に見せてもらうことは、すべて仏さまの「お手配」に違いないと思うと、どんな問題も明るく受けとめられるのです。

常に善意で解釈を

今年（平成七年）は五黄土星の年ということもあって、明るい話題よりも暗い話題のほうが多かったように思います。経済的にも不祥事や倒産があい次ぎ、阪神・淡路大震災という大災害も起こりました。多くの犠牲を出しましたが、被災した人たちを支えるために、大勢の青年がボランティアとして駆けつけました。そこに人間のすばらしさを感じ、世の中に慈悲の働きが生きていることを感じます。

私は今年、みなさんから盛大に卆寿《そつじゅ》を祝っていただきました。この年になると、ときどき目がかすんで、歩くときにそばの柱に体がさわることもあります。

それは不足といえば不足ですが、私はむしろ、「こんなになるまで生かしていただいていること自体がありがたい」と、感謝の気持ちになります。それに、ぶつかった柱のことも、私と「縁」が深いのだと考えれば楽しいものです。

このように、何ごとでも明るくとらえたほうが、気持ちがいいものです。ものごとを常に善意に解釈していくと、気持ちが楽になって、ふれあう相手に対しても親しみがもてるのです。自分が善意で接すれば、相手の真心にふれることができ、その喜びで「人さまのために、精いっぱいさせてもらおう」という気持ちが湧いてきます。こうして、いつも「人さまのために」と心を使えるようになるのです。

みなさんには、そうしたお役があるのです。みなさんが何ごとも善意と感謝で受けとめて、いきいきと活動される姿を見て、出会う人の「仏性」が目をさますのです。

何ごとも明るく受けとめる心を常にもって、いっそうの精進をされることをお願いいたします。

気持ちを平らかに

相手の心をやわらげる

『養生訓《ようじょうくん》』で名高い儒学者の貝原益軒《かいばらえきけん》は、福岡の黒田家に仕えていましたが、庭づくりが好きで、とくに牡丹《ぼたん》を丹精こめて育てていました。ある日、益軒が登城《とじょう》した留守に、彼の書生が隣家の若者と庭で相撲をとって、益軒がいちばん大事にしていた牡丹の一株を踏み倒してしまいました。まっ青になった二人は、隣家の主人に頼みこんで、益軒に詫《わ》びてもらうことにしました。

益軒が帰宅すると、隣家の主人は畳に両手をついて、二人の若者のために謝ります。すると益軒は、

「どうぞ、その手をお上げください。牡丹は私が楽しみのために作っているも

ので、怒るために作っているのではありません。どうぞ、ご心配くださいますな」

と、ニコニコ顔でいいました。三人がどれほどホッとしたかは、想像にかたくないでしょう。きっと、益軒も一瞬は腹が立ちかけたことでしょう。しかし、そこで踏みとどまって、怒りを鎮めることができたのです。そこで踏みとどまれないと、まず書生をどなりつけ、その自分の言葉が怒りの火に油をそそいで、怒っている自分自身に対しても腹が立ち、さらに怒りを爆発させて理性を失ってしまうのです。

私は日ごろから、「気持ちを平らかに持《たも》つことが大切です」といっていますが、この益軒の例がよいお手本だと思います。

人間は、何かあると他人を憎んだり、相手の言動に怒ったり、イライラしたりしますが、それは、じつは自分自身を苦しめることなのです。自分自身がそのために不愉快になり、その不愉快が健康にも悪い影響をおよぼすことにもなります。益軒はいつも心を平らかにしていたので、幼いころは病弱だったのに、八十五歳という当時としてはまれな長寿を保つことができたのです。

健康面のことばかりではありません。心を平らかに持《たも》っていると、自分の都合にとらわれることなく、相手の気持ちを察してあげることができます。ですから、まわりの人の心もやわらぎ、親しみが湧いて、尊敬の念さえ生じるものです。益軒の書生や隣家の人たちも、きっとそういう気持ちになったものと思われます。

仏性がいつも目ざめている

人間だれしも平等に「仏性」という宝を授かっています。その「仏性」をいきいきと働かせていくと、必ず仏さまのようになれるのです。ところが私たちは、身近に厄介な問題が起こると、怒りや憎しみ、妬《ねた》みなどによって、その「仏性」をおおってしまうことが多いものです。そして、自分自身を不幸にしているのです。

そうならないためには、自分が仏さまと同じような「仏性」の持ち主であることを心から信じることです。そのような、ほんとうの自信こそが大切なのです。

禅の語録を集めた『無門関《むもんかん》』に、瑞巌《ずいがん》和尚という方の話が出ています。

この和尚さんは毎日、自分に対して「主人公」と呼びかけ、「応」と返事をするのです。そして「はっきり目をさましているか」といい、「はい。さましていますよ」と答えます。また「他にたぶらかされてはならないぞ」といい、「よし、わかった」と返事をしたというのです。

この「主人公」というのは、自分の本質である「仏性」のことです。「仏性よ、目をさましておれよ」と、いつも自戒しているのです。また「他にたぶらかされない」というときの「他」は、他人や周囲のものごとだけではなく、自分の「仏性」にこびりつく慢心、怒り、貪り、いつわり、虚栄など、さまざまな煩悩、迷いをいうのです。

この和尚さんのように、常に自分の「仏性」に呼びかけていれば、いつも気持ちを平らかに持《たも》てるでしょう。そして、何かことが起きた場合でも、気づかぬうちに「仏性」が働いてくれて、その場その場でいちばん適切な行動がとれるようになるのです。

平らかな心は感謝から

お釈迦さまは「法句経《ほっくぎょう》」でこう説かれています。

覚者《ほとけ》の教えを
信じ悦《よろこ》ぶ
歓喜《たのしみ》多き比丘は
行《はからい》の息《や》みたる
寂静《しずか》にして
さいわいなる
道に達せん
（友松圓諦《えんたい》師訳）

大意はおわかりのことでしょうが、念のため誤解しやすいところを説明しますと、この「行《はからい》」というのは、小さな「我《が》」から生じる行為のことです。また「寂静《しずか》」というのは、ただジッと静かにしていることではなく、そのような「我《が》」から離れた「平らかな心」でいることです。

佼成会の会員さんのなかには、仏さまの教えをまっすぐに信じて、何ごとも「ありがたい」と、喜びと感謝で受けとめる人がたくさんいます。それが、平らかな心で仏道を歩むということなのです。

平らかな心になれば、何を見ても、正しく、まっすぐに見えてきます。つまり「八正道《はっしょうどう》」の「正見《しょうけん》」です。

ものごとがまっすぐに見えると、ものの考え方が自分本位に偏らず、素直で正しい考え方をするようになります。これが「正思《しょうし》」です。まっすぐにものを見、考えるようになると、話すことも正しくなります。これが「正語《しょうご》」です。

こうして、もろもろの行ないも正しくなり（正行《しょうぎょう》）、行ないが正しくなれば、おのずと生活も正しくなります（正命《しょうみょう》）。そして、自分に与えられた使命に対して正しく励んで、怠ることがなくなります（正精進《しょうしょうじん》）。そこまでいくと、心を常に正しい方向に向けているようになり（正念《しょうねん》）、周囲の状況の変化にふりまわされることもなくなります（正定《しょうじょう》）。

このように気持ちを平らかに持《たも》つことで、「八正道」も楽々と行じることができて、幸せになれるのです。人生には喜怒哀楽がつきものですから、高ぶるときもあれば、落ちこむときもあるでしょう。そんなときこそ、気持ちを平らかに持《たも》つことを心がけて、悠々と大道を歩んでいただきたいと思います。

喜びの心で生きていく

弁天さまが砂糖をなめる

私は昔から「佼成会の会員さんは、恵比寿《えびす》さまが砂糖をなめたような顔で、日々を過ごさせていただきましょう」と、お話ししてきました。恵比寿というのは男性ですから、恵比寿を弁天に変えて、「弁天さまが砂糖をなめたような顔」というときもあります。

恵比寿さまも弁天さまも七福神の一人ですから、福々しいお顔をしています。その恵比寿さまや弁天さまが砂糖をなめるというのですから、さらにニコニコして、何ともいえない喜びに満ちた顔、ということになります。心の底からうれしくてしようがないとき、だれでもそういう顔になるものです。そして、そういう顔で毎日を過ごしていると、自然に人生が楽しいもの、喜びの多いもの、生きがいを味わえるものになっていくのです。

とはいうものの、現実の生活では自分の思いどおりにならないことも多く、悩むことや苦しむことも数々起こってきます。ニコニコしようと思っても、いつのまにか眉根《まゆね》が寄って、苦渋に満ちた顔になることもあるでしょう。そして、そういう不満な気持ちでいると、次々にむずかしい問題が押し寄せてくるのです。

お釈迦さまが「人生は苦なり」とおっしゃっているように、私たちの人生に「苦」はつきものです。経済的な苦しみもあれば、人間関係での悩みもあり、体のどこかが激しく痛むといった「苦」もあります。そういうさまざまな

「苦」を乗り越える秘訣は、喜びの心をもつことです。いつも喜びの心で行動していると、喜びが喜びを呼んで、すべてがありがたくなっていくのです。

いまの幸せに感謝する

「無量義経」の「十功徳品」に、「嫉妬《しっと》を生《しょう》ずる者《もの》には随喜《ずいき》の心《こころ》を起《おこ》さしめ」とあります。「随喜」とは、他人のよい行ないを見て、心の底から喜ぶことです。このお経の大きな功徳として、相手のよい行ないを見ると嫉妬《しっと》の気持ちを抱きやすい人に、一緒に喜ぶ心を起こさせてくれる、と教えているのです。

つまり、私たちが喜びの心をもちにくいのは、嫉妬の心が原因なのです。私たちは、だれでも幸せを求めています。そして、多くの人がそれなりに幸せを味わっているのですが、ともすると、自分を人と比べて、相手のことをうらやましく思ったり、妬んだりしがちです。それが、自分のほんとうの気持ちに水をさし、喜びの心の発露を妨げているのです。

自分が現在いただいている幸せに満足できず、まわりのもっと幸せそうな人と比べて「自分は不幸せだ」と考えると、喜びが湧いてくるはずがありません。
石川啄木の歌に、「友がみなわれよりえらく見ゆる日よ　花を買ひ来て　妻としたしむ」とあります。啄木も少しは嫉妬の気持ちが湧きかけたのでしょうが、そこで「でも、自分には愛する妻がいる」と、自分の幸せに目を向けて、喜びの気持ちをとりもどしたのだと思います。

昔はよく「随喜の涙を流す」といった表現が使われましたが、「随喜」という言葉の意味の一つに、「信仰してありがたく思うこと」があります。

法華経には「随喜功徳品」という一章があります。その冒頭で、弥勒《みろく》菩薩がお釈迦さまに、「若《も》し善男子《ぜんなんし》・善女人《ぜんにょにん》あって是《こ》の法華経《ほけきょう》を聞《き》きたてまつりて随《ずい》喜《き》せん者《もの》は、幾所《いくばく》の福《ふく》をか得《え》ん」とお尋ねしています。これが、「信仰してありがたく思うこと」という意味の代表例でしょう。

信仰に入って、その教えを聞いていくうちに、少しずつ「ありがたい」という気持ちが湧いてくるものです。

まず、自分が仏さまに守られていることが自覚できて、ありがたく思えます。

また、両親やご先祖さまがあってこそ自分があることに気づいて、親やご先祖さまへの感謝の気持ちが湧いてきます。そして、先輩の体験説法や指導を聞くうちに、自分が正しい行ないをすれば、必ず正しい結果が出ることが納得できて、ありがたくなります。さらには、困難な問題が起こっても、それは自分が向上するための大事な「縁」だと思えるようになって、その困難な問題さえもがありがたくなっていくのです。

こうして、自分のまわりに起こることすべてを感謝で受けとめられるようになれば、何があっても喜びの心で毎日を送っていくことができるようになります。

喜びの心を広げる

いまの自分を幸せと思うか、不幸せと思うか、その受けとめ方一つで、人生は暗くもなり、明るくもなるのです。

「自分ばかりがなぜ不幸なのかと思いこんでいたけれど、それは、自分で自分を不幸と考えていただけだった。そのことを、会員さんの体験説法を聞いてよくわかった」という話をよく聞きます。

私は、大聖堂での会員さんの体験説法をいつも聞かせてもらいますが、最初のうちは「こんなに苦しい状態で、どうやって救われていくのだろうか」と思う話もしばしばあります。ところが、話が進んでいくと、先輩から教えられたとおりに自分が心を切り替えて、相手の気持ちを思いやって、相手の喜びを考えて行動するようにしたら、家庭が円満になったり、事業が発展したりというように、その人が抱えていた「苦」が解決するだけでなく、「苦」そのものに感謝できる心になっていくことが多いのです。

こうした喜びの体験は、聞く人の心に喜びの気持ちを芽ばえさせる力をもっています。つまり、喜びの心は人から人へと次々に広がっていきます。ですから、まず自分が喜びの心になることです。それには、いまの自分を見つめ直し、生かされていることを素直に神仏に感謝することです。

世の中には悲しい顔や苦しい顔、苦虫をかみつぶしたような顔の人もたくさんいます。そういう方にも恵比寿さま、弁天さまが砂糖をなめたような顔になってもらうために、自分がいつも喜びの心に満ちた笑顔で、そして感謝に満ちた言葉でふれあっていっていただきたいと思います。

相手の仏性を拝む

合掌は人間の本然の姿

私たちが帰依《きえ》する法華経は、「すべての人が仏になれる」、つまり「あらゆる人間に仏性がある」ということが中心思想であって、大眼目になっています。たとえば「方便品」にも、「子どもが戯れに、砂を集めて仏塔を作った。そのような子も、仏道を成じて仏となることができた」という一節があります。また、「常不軽菩薩品《じょうふきょうぼさっぽん》」には、常不軽菩薩がどんな人に対しても両手を合わせて拝み、「私はあなたを軽んじません。あなたは仏となる人だからです」といって、石を投げつけられたり、棒で叩《たた》かれたりしても、遠くへ逃げて、あい変わらず相手の「仏性」を拝んだ、とあります。

そう聞くと「なるほど、そうか」と、いちおうは思いますが、何しろ「仏性」とは目に見えないものだけに、なんとなく幻のようなものにしか思えない人もいるかと思います。そのような人に、一つの貴重なお話をお伝えしたいと思います。

わが国の仏教哲学の第一人者といわれる玉城康四郎博士が『宇宙意識への接近　伝統と科学の融和』（河合隼雄・吉福伸逸編纂、春秋社刊）という本に、次のようなことを報告されています（世界の学者たちとの会議での講演の記録）。

京都大学の心理学者・園原太郎教授（当時）と、神戸大学の精神医学者・黒丸正四郎教授（当時）の二つの研究室が協力して、生まれて一週間目の赤ちゃんたちの生態をつぶさに観察した記録に対する評論です。

その観察によれば、生まれてすぐの赤ちゃんがどんな動作をするかというと、両手と両足を広げてそれを閉じる。そのときの両手は合掌の形になる。また、くちびるの両端を少し開く。それはどうしても微笑としか思えない……というのです。

　その報告について、玉城博士はこう述べておられます。

——この二つの間歇《かんけつ》的運動は、私には生まれる前のあの世からのメッセージであるとしか思われません。こうして、手を広げて、こうやる、合掌する、この運動は宇宙そのものの生命に順応し、一体になっていくという合掌の姿であると思います。これは人間にとってもっとも自然な形であります。これを宗教的というのは後につけた人間の分別です。そうではなく、天地の生命と一つに溶け合うところの自然な姿であり、それが合掌の形になったものと思います。その何ともいえない生命の喜び、それが微笑になって現れてきているのでありましょう——

　私はこれを読んで、合掌が人間の本然の姿であることをつくづくと思いました。そして、すべての人間にそなわっている「仏性」というものが、けっして絵空事ではないことをしみじみと思わされたのでした。

善行をしてうれしいわけ

そのように本然にそなわっている「仏性」が、なぜ大人になると隠れてしまうのでしょうか。それは、年をとるにつれて「仏性」のまわりにこびりつく「煩悩」のせいです。さまざまな欲望、怒り、恨み、妬みなどによっておおい隠されてしまうのです。

けれども、そうとばかりはかぎりません。何か善いことをすれば、うれしい気持ちになることは、みなさんも経験されているはずです。だれかに対して親切な心で接すると、それがごく小さな親切であっても、かすかながらも心に喜びを覚えます。それは、「仏性」が喜んでいるのです。

また、自分の行ないだけではなく、だれかが献身的なボランティア活動をしたという報道を見ると「ああ、いいなあ」と思います。それも「仏性」が喜んでいるのです。そういうことの一つ一つが、「仏性が自分の本質」であることの証拠なのです。

ですから、自分の「仏性」に迷いを感じる人は、そうしたことに思いをめぐらせてみることです。

合掌で仏性を洗い出す

立正佼成会では、会員同士はもちろん、よそから見えた方に対しても、合掌して迎えます。別れるときも、合掌して別れます。お当番の人がお役につくときも、「させていただきます」と合掌します。

合掌ということが、いのちの奥深いところとつながっていることは、玉城先生のお説のとおりですが、合掌する形そのものが、「仏性」を拝む心を育てることも、これまた間違いのない事実です。

たとえば、私たちが浴衣を着れば軽い気持ちになって、冗談などいいますが、いったん正装に身を固めれば、気持ちもおのずと引き締まります。ですから、善いことは、初めは形から入るのがいいのです。その形を繰り返すうちに、いつしかそれがその人の内容となり、性質となっていくのです。

私たち佼成会会員が、会う人、別れる人に対して、あるいはものごとを始める前や終わる前などに合掌するのは、そのような意義があるわけです。つまり、それが自分や相手の「仏性」を磨き出すことになるのです。本来そなわっている「仏性」を、煩悩の殻のなかから洗い出すことになるのです。

合掌でお迎えすることに対して、本会を訪れた外部の人がこぞって、「何となくすがすがしい気持ちになる。尊ばれているような……」といわれます。これも、合掌によって「仏性」が洗い出されるからでしょう。

また、現実には「この人に仏性があるとは思えない」といいたくなるような人もいるものですが、そのような相手にも、まず合掌して応対することです。そうすれば、その人も必ずきれいな気持ちになります。そのことが、とくに大切なのです。

どんな人に対しても、「我汝《われなんじ》を軽《かろ》しめず　汝等《なんだち》道《どう》を行《ぎょう》じて　皆当《みなまさ》に作仏《さぶつ》すべしと」と念じて合掌礼拝《らいはい》をされる常不軽菩薩の心を忘れず、相手の「仏性」を拝む気持ちになって、それを行動のうえに表わしていくのです。これが、立正佼成会会員がオール菩薩である所以《ゆえん》なのです。

仏さまの智慧をいただく

「知恵」より深い「智慧」を

平成も二年目を迎え、「国の内外に平和が達成される」という元号の意味が定着し始めるものと期待されます。みなさんも、どうか、ほんとうに平和な気持ちで新しい年を始められるよう希望いたします。

今年（平成二年）は一白水星の年です。一白というのは、一年でいえば冬の半ばで寒い季節ですが、地中には陽気が満ち満ちて、春の活動に向けて準備をしている星まわりです。私たちの生活のありよう、またよろずの事業においても、「知恵を働かせて計画を立てる」という、明日への期待をはらんだ大事な年ということになります。

ところで、この「知恵」という言葉は、本来は「ものごとの理を悟り、是非・善悪を見分ける心の作用」をいうのですが、どうかすると、損得や利害を先に立てた「才覚」の意味に用いられます。この「才覚」というのが少々問題で、それが正しく働くときはいいのですが、少しでも曲がったほうに向いたり、むやみに増長したりすると、たいへんな逆作用を生み出します。

ですから、私たちが働かせる「知恵」は、本来の意味の「知恵」でなければなりません。しかし現実は、大人も子どもも競争社会のなかにあって、絶えず「損か、得か」の選択を迫られています。しかも、社会の仕組みがじつに複雑で絶えず流動していますので、ものごとの是非・善悪の見分けがつかないことが往々にしてあるようです。

ところがここに、そのような混迷に惑わされることのないただ一つの道があります。それは、信仰によって授かる仏さまの「智慧」です。

この「智慧」というのは、一般に用いられる「知恵」よりさらに深いものです。簡単にいいますと、それはお釈迦さまがお説きくださっている菩薩の心持ちなのです。人さまに施すという、人さまを幸せにするような実践をすることです。このような働きができると、目先の「損か、得か」といった才覚を働かせる必要もなく、自由自在な人生を送ることができるのです。

仏の智慧を開く

私はよく、「信仰しないよりも、信仰しているほうが楽ですよ」といいます。「信仰」というと、何か、縛られるように思う人もいるかと思います。ところが、仏さまにささげる気持ちになってしまうと、束縛がまったくないのです。つまり、縛りがほどけているから「ほとけ」というくらいで、仏さまは自由自在な心を授けてくださるのです。

お釈迦さまは、そのような「智慧」を私たちみんなに体得させるために、この世に出現されたのです。法華経の「方便品」に、「諸仏世尊《しょぶつせそん》は、唯一大事《ただいちだいじ》の因縁《いんねん》を以《もっ》ての故《ゆえ》に世《よ》に出現《しゅつげん》したもう」と説かれていますが、その「一大事《いちだいじ》の因《いん》縁《ねん》」というのが、そのことにほかなりません。

そして、お釈迦さまは、私たちにそのような「智慧」を得させる順序を、

「開示悟入《かいじごにゅう》」というお言葉で教えてくださっています。これは、人さまを仏道に導くときにもお手本になる大事なことですから、この際、簡単に説明しておきましょう。

まず「開」ですが、これは「仏の智慧」というものに目を開かせることです。お経文にはこのようにあります。

「諸仏世尊《しょぶつせそん》は、衆生《しゅじょう》をして仏知見《ぶっちけん》を開《ひら》かしめ清浄《しょうじょう》なることを得《え》せしめんと欲《ほっ》するが故《ゆえ》に、世《よ》に出現《しゅつげん》したもう」

この「仏知見」というのが、「仏の智慧」のことです。私たちはみんな仏さまの子として、もともと「仏の智慧」というものの種、「仏性」を授かっているのです。ただ、その「仏性」が眠っていて、表に輝き出てこないだけなのです。これまでそれを知らずにきた人に対して、その大切さに「気づかせる」ことが「開」です。何ごとにしても、より高い、より深いものに気づくことが進歩・向上の出発点となるのです。

そして、先ほどの一節のあとに「衆生《しゅじょう》に仏知見《ぶっちけん》を示《しめ》さんと欲《ほっ》するが故《ゆえ》に」「衆生《しゅじょう》をして仏知見《ぶっちけん》の道《どう》に入《い》「衆生《しゅじょう》をして仏知見《ぶっちけん》を悟《さと》らしめんと欲《ほっ》するが故《ゆえ》に」

らしめんと欲《ほっ》するが故《ゆえ》に」というお言葉が続きます。この「開き、示し、悟らせ、道に入れる」の四段階を「開示悟入」といいます。

次の「示」とは、「仏の智慧」の実際を示すことです。たとえば、お釈迦さまの説かれた「諸行無常」や「諸法無我」の真理を、実際に起こったものごとを例証として示せば初信の人も「そんなものかなあ」と心を動かします。これが、第二の段階です。

「悟」というのは、第二の段階からもう一歩進んで、その真理を「なるほど。確かにそのとおりだ」と心の底から悟り、納得することです。

そこで、いよいよ「入」という段階に進むことになります。これは、仏になるための道、「仏道」に入れることです。つまり、「仏の智慧」を成就するための修行に入るわけです。「修行」というとむずかしげに聞こえますが、つまりは「実践」することにほかなりません。

経典を読んで学ぶ。朝夕にご供養する。正しい信仰のつどいに入って、法座に座って教えをかみしめ、その教えのとおりに実践するのです。このような体験によって「仏の智慧」が次第次第に自分のものとなり、しっかりと身につくのです。

相互依存のバランスを保つ

いまの私たちは、そういった「仏の智慧」を授かる条件をそなえているでしょうか。

私たち日本人は、これまで貧しさを克服しようと、必死に働いてきました。その努力によって日本は経済的に豊かになりました。今日、その豊かさをまわりの人たちに、あるいは他の国々にささげる生き方が求められています。しかし、残念なことに、まだまだ物への執着から離れることができず、利害・得失の価値観に縛られているように見受けられます。

それではあまりにも心の幅が狭く、生き方や心のもち方に「ゆとり」がないということになります。そして、大事なことは、心にゆとりがなければ、仏さまの「智慧」が心に入ってこないということです。

もしかすると、「この世知辛い世の中にあって、仏さまの智慧といった現実離れしたことなど、考えているひまはない」という人もいるかもしれません。しかし、それはたいへん浅い考えです。なぜならば、利害・得失を中心にした価値観は、いつか必ず行き詰まるからです。

たとえば、欲望をほしいままにし、物質生活の豊かさばかり追い求めてきたツケが、環境汚染や環境破壊といった、恐ろしい事態となって表われているではありませんか。

つまるところ、「縁起」という仏さまの教えをしっかり自覚して、それを生活のうえに実践しなければ、地球そのものが破滅しかねないのです。

「縁起」というのは、この世の万物は互いに依存し合って成り立っている、という真理です。そして、その相互依存がバランスよく調和している状態を「中道」といい、これが人類全体の理想的なあり方である、としているのです。

相互依存のバランスを保つためには、お互いが自我を抑制しなければなりません。自我を野放しにすれば、増長した自我同士がぶつかり、そこに摩擦が生じて闘争が起こり、それがもろもろの破壊へとつながるのです。

仏教は「自我の抑制」を説き、「少欲知足《しょうよくちそく》」を説いていますが、それは単なる人生訓ではなく、こうした自然の摂理に即した教えなのです。

もう一つ、忘れてならないことがあります。それは、相互依存をバランスよく保つためには、もてる者がもたざる者に融通するという、積極的な行為がぜひとも必要だということです。

いまの日本は、世界一豊かな国になりました。経済的に豊かであると同時に、科学技術の面でもすぐれたものをもっています。このような、さまざまな面における「もてるもの」を「もたざる」国々に融通することが、仏さまの「智慧」に適う実践なのです。

私はここ数年来、「いまこそ〝豊かさの哲学〟をもとう」ということをいってきましたが、それはじつにこのことであって、これもつまりは仏さまの「智慧」を頂戴することなのです。

どうかみなさん、多忙な日々のなかでも、ひととき心の余裕をとりもどす好機をとらえて静かに仏さまを思い、仏さまの「智慧」を授かることを考えていただきたいものです。

第二章

法を道しるべに

法のなかに生きている

お釈迦さまと同じ道を歩む

ご命日のたびに大聖堂で会員さんの体験説法が行なわれますが、私はいつも真剣に聞かせてもらいます。悩みを抱えて入会した人が、先輩の幹部さんから教えられるままに、一つ一つ自分の心を切り替えて、なごやかな人間関係を結ぶように努力したり、すべてに学ぶ心で仕事にとりくんだりして、幸せな生き方に変わっていくのがよくわかります。

そういう説法を聞きながら、「法が生きているな」としみじみ思います。お釈迦《しゃか》さまが説かれた「法」が、二千五百年を経たいまも脈々と息づいていることを実感するのはそんなときです。

お釈迦さまがお悟りになった「法」は、過去・現在・未来を貫く真理ですから、いまでも私たちの周囲に満ちています。真理そのものは目にも見えず、手にふれることもできませんが、私たちはそういう「法」のなかに生きているのです。別の言葉でいえば、宇宙のすべてを生かしている「久遠実成《くおんじつじょう》の本仏《ほんぶつ》」の大慈大悲のなかに生きているのです。

ですから、まわりの人の生き方をつぶさに見ていくと、そこに本仏の慈悲の働きが見え、「法」が生きていることが見えてくるのです。

お釈迦さまは、人びとが「因縁果報《いんねんかほう》」の「縁起《えんぎ》の法」に目ざめ、あらゆる苦悩から解き放たれることを願われました。そして、すべての人が「法」に随順《ずいじゅん》した生き方ができるようにと、半生をかけて布教・伝道の旅を続けられたのです。

そのお心に流れていたのは、人間も動物も植物も、すべてが本来の命をいきいきと発揮していくことを願う、本仏の大慈悲心でした。そのことを思うとき、私たちもお釈迦さまと同じ道を歩まずにいられなくなります。

仏さまのお慈悲のお手配

お釈迦さまが悟られた「法」の中心は、すべてのものごとが一瞬一瞬に変化していく（諸行無常《しょぎょうむじょう》）ということと、この世に孤立して存在するものは何一つなく、互いにもちつもたれつの関係にある（諸法無我《しょほうむが》）ということです。

これは、だれでもよく理解できる法則のはずですが、一日一日の出会いをとおして、この法則に随順して生きていくことが大事なのです。自分と相手のふれあいの一つ一つに、「法」の働きを感じとることが大事です。

そのためには、まず自分にも仏さまと同じような慈悲の心、「仏性《ぶっしょう》」がそなわっていることを信じることです。それが自覚できると、仏さまに生かされていることも自覚できるようになります。そして、目の前に現われる現象はすべて法則どおりであり、仏さまのお慈悲である、と受けとめることができるのです。

「諸行無常」「諸法無我」ですから、家族が病気にかかることもあれば、自分が不慣れな仕事にまわされたり、上司や部下と衝突したりすることもあるでしょう。そういう厄介な問題にぶつかったときに、「これは仏さまのお慈悲である」と受けとめる前に、「どうして、自分だけが」と不満の思いが先に立つものです。

そんな場合は、悩みを抱える人を「お導き」してみることです。相手の幸せを一心に願い、あたたかく、真心で包むように見守っていくと、相手の方も心を開いて、仏さまの教えを素直に実行してくれます。そうして相手の方が救われていく姿を見るとき、「法」が生きていることが如実に実感できるのです。

そして、初めは厄介な問題だと思ったことも、「自分を早く悟らせるために、仏さまがお手配くださった方便《ほうべん》だったのだ」と、感謝の心が湧いてくるのです。

仏性と仏性のふれあい

身のまわりに悩みの種が出てくるようなとき、原因を相手や環境のせいにするのは人情の常かもしれません。職場や地域の人間関係一つをとっても、「相手が態度を改めないかぎり、こちらから歩み寄る必要はない」と考える人もいます。しかし、それではいつになっても気持ちが晴れないものです。

お釈迦さまが説かれた教えの要《かなめ》は、人生で遭遇する「苦」は、その人の力で必ず解決できるものであって、その「苦」の原因となる自分の心を正しくととのえて、あるいは自分がよい「縁」になることによって、必ずよい結果に変えていけるということです。たとえば人間関係に悩むときでも、「自分にも、いたらない面があるのではないか」と反省し、相手を立てるように接していくと、円満な関係に変わっていくのです。

そういう繰り返しのなかに、なごやかな人間関係や、新しい人生が広がっていきます。それが、「法」が生きていることを実感する生き方なのです。

「法」の働きを学ぶのは、一生のことです。それも単なる知識として学ぶのではなく、人さまとの出会いや起きてくる現象のなかに、「法」がどのように生きているかをよく見極めていくことが大事なのです。それが常精進《じょうしょうじん》です。

私たちの心は、目の前のできごとによって常に一喜一憂します。出会う相手という「縁」によって、素直に「仏心」を出せることもあれば、地獄のような心になってしまうこともあります。

そうした自分を見つめながら、だれにでも真心で接していくと、相手も「ありがたい」と感謝の気持ちで受けとめてくれるのです。それが、「仏性と仏性のふれあい」のなかで「法」がいきいきと生きている証《あか》しなのです。

どんな道を歩めばいいか

法華経は最上の道

道というものは、目的地にまっすぐ着くのに便利なようにつくられています。しかも、一本だけでなく、いろいろな道が通じています。ドライブや山登りをするときに、いくつかのコースから好きな道を選ぶことも楽しみの一つでしょう。

人間としての道も同じで、私たちが人生をより豊かな心で歩くのにも、さまざまなコースを選ぶことができます。

たとえば、書道や茶道、柔道、剣道といったさまざまな「道」も、その一つです。そういう「道」の場合も、初めは作法や技の習練を目的として入るのでしょうが、行き着くところは、その人の人間性を向上させるための修行であると思います。

私たちにとっては、お釈迦さまの説かれた法華経《ほけきょう》が、「無上道」ということになります。人間として正しく生きていくうえで必要な心構えが示された、いわば人間として踏み行なうべき最上の「道」です。「このとおりに行なって、みんな幸せになりなさい」というお手本が、法華経なのです。

法華経には、「人はだれでも慈悲心をもっていて、その慈悲の心でまわりの人に接していくことで幸せになれます」「縁ある人の仏性を礼拝《らいはい》することで、その人とともどもに幸せへの道を歩いていけるのです」ということが、明確に示されています。

つまり、常に人さまの利益を考えて行動すれば、だれでも幸せになれることが説かれているのです。ですから、法華経のとおりに実践すれば、「疾《と》く仏道《ぶつどう》を成《じょう》ぜん」（常不軽菩薩品《じょうふきょうぼさつぽん》）というように、まっすぐに「仏」になれるのです。

道を知って道を行く

立正佼成会に入会すると、ご先祖さまへのご供養や親孝行の実践を、まず教えてもらいます。これは、人間として踏み行なうべき道であり、昔から多くの人の心に受け継がれてきた大事な道です。こうした、ごく当たり前のことを実践していくなかに、仏さまと同じ境地になれる道が開かれているのです。

ところで、ご法のありがたさがわかっても、「道を知らずに道を行く」のでは十分ではありません。自分はどういう道を、どこへ向かって歩いているかを人さまにお伝えすることができないと、困っている人や苦しんでいる人を見ても、幸せへの道を示してあげられないからです。

在家の生活では、さまざまな出会いのなかで愛着心や欲望にとらわれることが多々あります。自分の才覚だけで仏道を歩もうとしても、間違った方向に進まないともかぎりません。自分中心の狭い見方では、まわりが見えなくなって、とんでもない横道に入りこんでしまうこともあるものです。

ですから、「四諦《したい》」「八正道《はっしょうどう》」「六波羅蜜《ろくはらみつ》」など、お釈迦さまが説かれた法門をよく学んで、一日一日の心と行ないをととのえていくことが大事なのです。それが、「道を知って道を行く」ということです。

「八正道」の「正見《しょうけん》」「正思《しょうし》」「正語《しょうご》」という教えも、いつも正しい見方をして、正しい考え方、正しい話し方を心がけていると、気持ちが少しも揺らぐことなく、じつにすがすがしい思いになるものです。

「六波羅蜜」の最初にあげられている「布施《ふせ》」も、相手に喜びを与え、相手を幸せに導くための実践です。私たちに授かっている「仏性」は、世のため、人のためにわが身を使わせていただくことで、どんどん光を増していくのです。

私はいつも、「自分が変われば相手が変わる」といってきました。これも、人間関係の多くの問題は、まず自分が相手の役に立とうとするときに、鮮やかに解決していくからです。そして、「その喜びを多くの人にも味わってもらいたい」という思いが湧いてきて、会う人ごとに声をかけてみたくなります。そして、相手がこちらの熱意を受けとめてくれると、仏さまの「法」が生きていることが実感できます。そこでますます喜びが増し、「もっと仏さまの教えを広めていこう」と、楽しく精進できるのです。

道を楽しむ

好奇心は、新しい世界を開くために大きな力になってくれます。というと、「せっかく法華経という最高の教えをいただきながら、ほかに心を動かしてもいいものか」と疑問をもつかもしれません。

しかし、法華経や仏道は、そんな小さなものではありません。自分と人さまを幸せにするものであれば、すべてが法華経であり、いずれも仏道なのです。ですから、いろいろな人の話を聞いてそのエキスを吸収することも仏道を歩くことにつながるのです。そういう意味では、好奇心は求道心のあらわれでもあるのです。

「道楽」というと悪い意味に受けとられますが、「道を楽しむ」という意味にとることが大切なのです。

私が一九六八年（昭和四十三年）に、「世界宗教者平和会議」を開くための活動を始めたころは、「宗教協力なんて、不可能な話だ」といわれたものです。けれども、この世界に神仏の本願を実現するためには、宗教者同士の信頼と協力が不可欠であって、それこそが「一仏乗」の道であるという信念のもと、私の心は常に悠々と静かな楽しみに満たされていたのです。まさに「道《どう》を以《もっ》て楽《らく》を受《う》け」（薬草諭品《やくそうゆほん》）の心境でした。

何ごとに対しても、「自ら進んで世のため、人のために奉仕しよう」という心境でいると、道はおのずと目の前に開け、人生のすべてが楽しくなるのです。その喜びがものごとを長続きさせる力となり、遠い目標に向かって一路邁進《まいしん》していく原動力となるのです。

ところで、野や山に「道」ができるのは、まず初めに野ウサギなどの身軽な動物が通った跡をほかの動物も通るようになり、やがては人間も歩き始めるからだといわれます。野道や山道というのは、そんなふうにしてできるのです。

『史記《しき》』に「桃李《とうり》もの言《い》わざれども下《した》自《おの》ら蹊《みち》を成《な》す」という言葉があります。桃や李《すもも》は何もいわなくても、美しい花や実を求めて人が集まり、その木の下には自然に道ができるという意味です。

ということは、「徳」のある人のもとには、その「徳」を慕って人が自然に集まってくるということです。私たちも、仏教という〝桃李〟の下にできた道につどう一員ですから、たゆみなく仏になる道を歩んでいきたいものです。

すべてを生かす心

煩悩も生かし方がある

私たちは、多くの人との出会いやさまざまなできごと、喜怒哀楽の体験を重ねながら生きています。そうした一つ一つの生活体験を、人生の新たな一歩に生かしているわけです。苦難や不和、挫折《ざせつ》さえも、人生を豊かに彩る貴重な財産になっていきます。

苦難や不和、挫折というのは、その原因をよく見ていくと、自分の心にある「煩悩《ぼんのう》」が原因になっていることが多いのです。「煩悩」というのは、貪《むさぼ》り、怒り、愚かさなどです。

仏教はそうした「煩悩」からの解脱を説く教えですが、私たち人間が「煩悩」を完全に消すというのは非常にむずかしいことです。

大乗仏教では「煩悩即菩提《ぼんのうそくぼだい》」という考え方で、「煩悩」があるから「菩提」を求め、救いの世界、悟りの境界に達することができる、と教えています。

では、「煩悩」を「菩提」に転ずるには、どうすればいいのでしょうか。

まず、「自分はいたらない人間である」と反省することです。すると、「我《が》」を張っていた心が消えて、多くの人に支えられているという思いが、胸のなかにスッと入りこんできます。

仕事などでも、計画がスムーズに運ばない場合があります。そのとき、静かに自分をふり返って、自分の意見に固執していたことに気づけば、「みんなの意見をよく聞いて、力を合わせていこう」という気持ちが湧いてきます。それが「自分の意見を通したい」という「煩悩」が消えて、まわりの人たちと協力するという「菩提」に転じた状態です。

このように逆境も、見方をちょっと変えるだけで、自分を高めてくれるチャンスになります。逆境を避けて逃げまわるよりも、進んで菩提心を高めていこうとすることが大事なのです。

人さまに心をくばる

私たちは、自分を生かすことが大事と思いがちですが、もっと大事なのが、まわりの人たちを生かすことです。まわりの人たちを生かすことで、自分もまた生かされていくのです。

立正佼成会を創立してまもなく、私が牛乳店をしていたころのことです。大晦日《おおみそか》に、会員さんが「お導きができたので、お祀《まつ》り込みをしてほしい」といってきました。半年分の集金もあり、配達もふだんの倍はあって、猫の手も借りたいほどの忙しさです。けれども、すぐにでもと願う人のことを思うと、こちらの都合などいってはいられません。時間をやりくりしてその方のお宅にうかがって、総戒名のお祀り込みをすませました。

そうしたわずかな努力でも、「大晦日なのにお祀り込みをしていただけた」と、あとあとまで喜んでもらえて、それがその方の精進につながっていくのです。

常に「人さまのために」と心をくばっていると、ものごとを好き嫌いや善悪だけで判断してふりまわされるような「煩悩」もなくなります。

お金に執着している人でも、「人さまのために尽くすことが大事ですよ」と教えられると、人さまのためにお金を使うようになります。その結果、思いがけなく大きな喜びを味わって、「こんなにご利益《りやく》があるなら、もっと早く布施させてもらえばよかった」と気づけるのです。

家族との不和で悩んでいる人でも、相手の気持ちに心をくばっていくと、家庭内が少しずつなごやかな雰囲気に変わっていきます。家族との不和も、「自分を磨くために、仏さまが説法してくださっていたのだ」と受けとめられるようになります。ほんとうの幸せとは、そうした受けとめ方のなかで味わっていけるものなのです。

目の前に起きるできごとは、すべて仏さまのお慈悲のあらわれであると受けとめて、「いたらない自分を高めてくださるのだ」という気持ちになれば、出会うことのすべてを生かしていくことができます。

ですから、むだなものは一つもなくて、悩みや心配ごとの一つ一つが、私たちが仏道を歩ませてもらううえでの、ありがたい「縁」になるのです。

悟りに近づくための縁

出会うことのすべてを生かすために、もう一つ大事な心構えがあります。それは、「すべての人は必ず仏になれるのだ」ということを確信することです。「成仏」というのは、簡単にいえば、その人のもち味がいきいきと発揮されていくことと考えてもいいでしょう。

さまざまな製品を作り出す場合も、素材の特性を一〇〇パーセント生かすことが大切とされます。信仰する人間の心構えとしても、身近に起こる一つ一つのできごとを仏さまの説法としてありがたく受けとめ、そのすべてを生かしつつ、前向きに対処していくことが大事です。

以前に使用していたお経巻の「開経偈《かいきょうげ》」に、「見聞触知《けんもんそくち》、皆菩提《みなぼだい》に近《ちか》づく」とありましたが、それは、見るもの、聞くもの、ふれるものから、仏さまのお慈悲を酌《く》みとっていくということです。

私たちの見るもの、聞くものすべてが、悟りに近づくための「縁」なのです。それを、自分の心を磨いてくれることとして受けとめ、さらには、人さまに尽くす実践に踏み出していくことで、だれでもが「成仏」できるのです。

仏さまの大慈大悲は、「みんなを仏にしてあげたい」という大願から出発しているのです。それに随順して仏道を歩かせてもらえば、仏さまの本願に包まれて、みんなが仏になれるのです。みんなが幸せになれるのです。

自分の心を見つめる

縁によって起こる

私たちの視野には、常に人さまの姿があります。その人さまの言動を、自分の経験や価値観に当てはめて善悪を決めたり、批判したりを繰り返しています。自分の意に反した問題が起きてくれば、原因追及の矛先を相手に向けていきます。そこに、苦悩が生まれるもとがあるのです。

お釈迦さまが説かれた教えの基本は、「縁起」ということです。「縁」によって「起こる」ということで、ものごとは他との関係によって生じ、存続し、変化し、滅するのです。

「人」という字は、二本の棒が支え合っています。それと同じように、この世のすべての存在は、「これがあるから、かれがあり、かれがあるから、これがある」という関係なのです。「人」の字の片方の棒を取り去れば、その役割を果たさなくなるように、これがなければ、かれもないのであって、かれがなければ、これもないのです。

「縁起」の教えに照らせば、よい出会いのなかによい人間関係が生まれます。出会いが悪ければ、関係は悪化してしまいます。ですから、人間関係に「苦」が生じたときは、相手の非を責めるのではなく、真心と正直な気持ちでふれあいを重ねることです。その努力のなかに、お互いが理解し合える出発点があるのです。

たとえば、子どもが不登校を起こしたときなど、親としては何とかして早く学校に行かせたいと躍起になります。そのときに子どもを責め立てるのではなく、自分の姿を見つめてみるのです。

「友だちや学校のことなど、子どもの生活環境に心をくばっていただろうか。私も幼いころに、両親に心配をかけていたのだろう。……子どものつらさを理解して、親としてのあり方を学ばせてもらおう」

そうした反省ができると、ほんとうならば元気に友だちと遊びたいだろうに、家に閉じこもっていなければならない子どもの気持ちを理解することができます。そこから、心を裸にした親子の話し合いが生まれるのです。

「自分中心ではないか」という懺悔

自分を見つめることの意味がわかると、「苦」と思える現象は、自分の間違っているところをふり返るための、仏さまの「お手配」と受けとめることができます。ですから、立正佼成会では「すべて自分ですよ」「あなたの懺悔《さんげ》なのですよ」と指導するのです。

佼成会の草創期のころ、よく「郵便ポストが赤いのも、みんな私の懺悔です」などと、冗談まじりにいったものです。自分の「我《が》」をとるために、起きてきた問題をどこまでも「自分のこと」として受けとめて懺悔するのです。

懺悔するときに大切なことは、その「苦」と見える現象が、「自分中心の心によって起きたのではないか」と、かみしめてみることです。自分のものの見方や考え方、行動に誤りがないかを見つめてみるのです。誤りがあれば、それを改めようと心に誓って、正しい行ないを心がけることです。

そうした懺悔を重ねるなかで、すべてのことをとおして自分を見つめるようになると、まわりの人たちの幸せを願う生き方に切り替えていけるのです。

厳しいお姑さんに仕えるお嫁さんのなかには、精いっぱい尽くしているのに、「ありがとう」といってくれない冷たいお姑さんだ、と不満をもつ方がいます。それを「縁起」の教えに照らして、「いってくれない姑」ではなくて、「いってもらえない自分」と切り替えてみることです。すると、「自分の足りない点を教えてもらい、磨いていただける」という、感謝の念が湧いてくるのです。「すべては自分」と受けとめると、目の前の「苦」の原因を自分の心のあり方や言動のうちに見いだすことを超えて、「これを機に、人さまのよきご縁になれる人間になりたい」という思いが湧いてきて、そこで幸せな人生に生まれ変われるのです。

悩み苦しむ方に接するときも、その方が「苦」の原因を見つめられるようになるまで、あたたかく見守ることができます。そして「この苦しみを乗り越えることが、この方にとって、必ず、人さまをお救いするうえでの尊い経験になる」と、相手の心に即した慈悲のふれあいがもてるのです。

世界と自分のつながり

たとえ自分が苦しい環境にあっても、悩み苦しんでいる人が目の前に現われると、自分のことはさておいて手助けしたくなる。そうしたごく自然な感情を、私たちのだれもがもっています。

立正佼成会で続けている「一食《いちじき》を捧げる運動」は、そうした気持ちを結集したものといえます。

この運動の根底に流れているのは、災害や病気などに苦しむ世界の人びとと、その悲しみや飢えの苦しみを分かち合う「同悲・同苦」の心です。これこそ、世界の人びとの苦しみを自分のこととして受けとめ、さらに手をさしのべていく菩薩行《ぼさつぎょう》なのです。

平和な世界の実現は、私たち宗教者の切なる願いです。けれども、「諸法無我」の教えをかみしめればわかるように、もちつもたれつの関係のなかで、一人でも幸せになれない人がいるなら、全体も幸せではないのです。

日常生活に起こるさまざまな問題をとおして自分の心を見つめ、さらに、人さまとよりよきふれあいができるようにつとめていく。そうした前向きの生き方が、お釈迦さまの教えをいただく人の積極的な生き方にほかなりません。そこから、真の平和と人間としての安らぎが得られるのです。

目先のことにとらわれず

「生・住・異・滅」という変化

いま、日本は円高による不況が続いていて（平成七年当時）、壮年の方たちにはご苦労されている方も多いようです。人間、厳しい状況に置かれると、どうしても目の前の対処に心がとらわれがちです。

たとえば、景気に浮き沈みがあるのは当然のこととわかっていても、つい、仕事に追われるような、いい状態が続くことを願ってしまいます。そして、仕事が減り、資金繰りが苦しくなると、「どうすればこれを乗りきれるのか」と、焦燥感に駆られるのです。

確かに、現実にはいろいろむずかしい問題があるかもしれません。けれども、終戦後の日本がいたるところ焼け跡だったことを思い返せば、いま不況だといったところで、その困難さは比較にもなりません。高度経済成長といわれた昭和四十年代以降にも、ニクソン・ショックやオイル・ショックなど不況の波がありましたが、結局はそれらを乗り越えてきたのです。

仏教の教えに「諸行無常」があります。すべてのものごとは常に同じ状態にとどまることはできず、絶えず移り変わっていくという教えで、これがすべてに通じる根本の真理です。

そして、ものごとが変化していく状態を、「無量義経《むりょうぎきょう》」にはこのように説かれています。

「ものごとの現在の姿を正しく見極めて、これから何が生じてくるか（生《しょう》）を知り、それがしばらくはその状態を保つ（住《じゅう》）こと、また異なったものに変化する（異《い》）こと、やがてそれが消滅していく（滅《めつ》）ことを見通しなさい」

この「生・住・異・滅」の繰り返しによって、一切のものごとが変化を続けているのです。ですから、目の前の困難に浮き足立つのでなく、それが必ず「生・住・異・滅」していくという、変化の相に目をくばる見方が必要なのです。

長い目で見ていく

この変化の相に目をくばることが大事なのは、人間関係のうえでも同じです。私たちは、目の前にいる相手を見て、いま現在の姿で評価をしています。何かいって聞かせたときに、素直にいったとおりにしてくれると好感をもち、いくらいってもできないのはだめな人間だと決めつけがちです。しかし、いま現在だけを見て決めつけるのは、ごく狭い見方なのです。

　そこで大事なのは、「いっても聞いてもらえない原因」を探す見方です。相手によくわかる話し方だったか、相手の力がまだ熟していないのか、相手が聞きやすい状態だったかどうか……。相手が聞いてくれない原因に思い当たれば、次の働きかけ方も違ってくるはずです。

　それも、一度や二度の働きかけで、相手が思うとおりに動いてくれるものではありませんが、根気よく正しい働きかけを続けていけば、必ずこちらの誠意がわかってもらえるようになるのです。

　私は、「世の中にだめな人間などいない」と信じています。お釈迦さまは、「若《も》し法《ほう》を聞《き》くことあらん者《もの》は　一《ひと》りとして成仏《じょうぶつ》せずということなけん」（方便《ほうべん》品《ぼん》）と、断言されています。「一人残らず仏になれる」と保証されているのですから、だめな人間などいるわけがないのです。

　仮に、いま現在はだめに見えるとしても、それは、その人がもっている「仏性」が眠っているからに過ぎません。その「仏性」に目ざめてもらえば、必ず見違えるような働きをしてくれるのです。

これも、相手が必ず「仏性」に目ざめてくれることを信じて、長い目で見ていく働きかけが大切です。仏さまに生かされている者同士として、その方の幸せを願い、できるだけの親切をさせていただく。そういう働きかけが菩薩《ぼさつ》としての常精進なのです。

方便から真実へ

昭和二十年代に、本部施設が次々にととのっていくなかで、私はよく「無計画の計画」ということをいったものです。神仏の願いに適《かな》った活動をしていれば、無計画の状態でものごとを進めていても、自然に「お手配」がついてきたものです。

佼成病院を建設するときも、ある人がこんなことをいってきました。

「佼成会では『法華経を信仰すれば、病気も治る』といってきたのに、病院など建てたら、『信仰の功徳《くどく》がないから、医師に頼るのだ』と思われはしませんか？」

当時、世の中が「信仰」に求めていたのは、いわゆる「貧・病・争」からの救われでした。ですから、そういう発想も無理なかったのでしょう。ほんとうの信仰のあり方を説いてもすぐにはわかってもらえないため、私はあえてそのことはいわず、いつか必ず理解してもらえる日が来ると、気を長くもってやってきたわけです。私としては、病気の治療は医師にまかせて、仏法を生活のなかで実践することですべての人に「仏性」に目ざめてもらいたいという願いから、病院も建設したのです。

お釈迦さまは悟りを開かれてから四十余年のあいだ、お弟子たちにほんとうの真実、教えの核心は明かされず、「方便」の教えで導いておられました。それは、初めから真実の教えを説いても理解できないことを見極めておられたからです。ですから、四十年という長い年月をかけて、お弟子たちの機根が高まるのを待つようにして導かれたのでした。

こうして、ほんとうの信仰に気づいたときに、それまでの「方便」が真実として生きてくるのです。そこに行き着いてもらえるまで、相手に応じて手をとることが大事なのです。

すべての人が仏になるという、それを実現するのは容易なことではありませんが、まっすぐに仏道を歩んでいくと、いつか必ず結果が得られるのです。目先の損得にとらわれない、勇猛精進《ゆうみょうしょうじん》の気持ちで仏道を歩んでいきたいものです。

信じて仰ぐ

仏法に沿った生き方

私たちは日々、無意識のうちに何かを信じて暮らしています。電車に乗るときには運転する人の技量を信じているでしょうし、店で売られている食料品にしても、その安全性を信じるからこそ、平気で飲んだり食べたりしています。

家庭や職場、地域社会にあっても、周囲の人と信頼関係を築いて、それぞれのもち味を生かしつつ、お互いの役割を果たしています。

お互いを信じて助け合うことは、私たち一人ひとりが幸せに生きるために大切にしたいことの一つです。だれもが、信頼関係をさらに広く、強くしたいと願うものです。そのときに、仏教の「信仰」が大事な意味をもってくるのです。

「信仰」というと、「苦」からの救われや願望成就を願って神仏に祈ること、と考えられがちです。

けれども、立正佼成会の「信仰」は、神仏に祈ること以上に、仏法という普遍の真理に随順した生き方をめざすものです。それは、「他を利する」という人間本来の慈悲心を発揮する生き方に目ざめて、まわりの人との調和を築くことを願う生き方です。

「信仰」によって真理に随順した生き方を知ると、生活環境が変化しても、ひるんだり逃げたりすることなく、明るく生きる道を歩むことができます。朝な夕な、仏さまのみ前に自分の心や行ないをあらわにすることで、思い違いを正していけるのです。

では、何を信じれば、そうした「信仰」の道に入れるのでしょうか。

お釈迦さまは、法華経のなかで「久遠実成の本仏」の存在を明らかにされ、私たちがお釈迦さまの悟られた「法」を生活のなかで生かすことの大切さを示されました。

私たちは、この宇宙を貫いていて、いつでも、どこでも、だれにでも働いている「真理」に生かされています。その「真理」というのは、世の中のすべての現象は絶えず移り変わり、変化しないものは一つとしてない（諸行無常）ということ、そして、私たちは無数のご縁をいただき、多くの人に支えられて生きている（諸法無我）ということの二つです。

絶えざる変化と、もちつもたれつの関係。その「真理」を直視したところに、まわりとの調和をはかりながら、いまを正直に生きる安穏の境地が得られるのです。

立正佼成会の「信仰」は、お釈迦さまが説かれた「法」を信じて、その「法」と一致した生き方をめざすことです。そこに、世の中や相手が変化しても動揺することなく、常に慈悲の心でふれあっていくことのできる人柄がはぐくまれるのです。

「信」と「解」の二つの入り口

もちつもたれつの関係のなかで、お互いに生かし生かされているという「諸法無我」の法則。このことを知るだけでも、自分がこれまで、どれほど多くの人や自然の恩恵をいただいてきたか、感謝しきれないほどの感動が湧いてくると思います。そして、お釈迦さまへの思慕と尊敬の念でいっぱいになります。

お釈迦さまの「法」を理解した人は、その「法」に外れた考え方が原因となって苦しむ人に出会ったときに、その苦しみの原因を正しく示して、現象面の「苦」の解決だけでなく、「本質的な救われ」へと導くことができるのです。

自分が逆境に遭《あ》ったときでも、「法」に適った生き方ができていたかどうかを省みることができ、「仏さまは、いたらない点を教えてくださっているのだ」と受けとめて、生き方を仏法に適ったものに軌道修正できます。

「信仰」には、「信」と「解《げ》」という二つの入り口があります。つまり、教えをそのまま「信じる」ことと、教えを学んで「理解する」ことで、そのどちらから入ってもいいのです。

素直な人は、「この教えは、ありがたい教えですよ」といわれただけで「信」を起こします。そして、教えの内容を聞いて実践するうちに「解」も深まっていくのです。

ただ、「信」が浅いと、ありがたいという感動も薄れますし、「解」が十分でないと、行も怠りがちになります。「信」と「解」の両方をそなえて初めて、ほんとうの「信仰」に近づけるのです。

価値ある人生を歩む

仏さまを信じて仰ぐ心は、「法」に帰依《きえ》する心を深めていきます。そして、実生活に「法」を生かしていくなかで、その心が大きくはぐくまれていきます。

その意味で私たちは、自分が生活する場、職場や地域で、少しでも多くの人とふれあいをもつことが大切です。それによって、いろいろな人生体験に仏さまの教えを照らし合わせることができると同時に、人さまに「法」をお伝えできますから、それだけ自分の「信仰」も確立できるのです。

仏さまのお慈悲に包まれて生かされていることに感謝しつつ、「法」の働きを感得していただきたいと思います。必ず、そのたびに、お釈迦さまを信じて仰ぐ心が強まっていきます。その感謝の気持ちを、大勢の方にお分けしていただきたいのです。

功利一点張りの世の中にあって、「信仰」の道は、「苦」にとらわれない柔軟な生き方をもたらしてくれます。

法華経という教えは、

「手間がかかり、骨の折れるばかばかしいことを喜んで引き受ける。そこに、『法』を体得できる人生の妙味があるのであって、それを深く味わい、楽しめる人こそ、ほんとうに価値ある人生を送れるのです」

と教えているように思えてならないのです。

仏さまを信じて仰ぎ、価値ある人生を歩む人が一人でも増えていくことを願ってやみません。

無上の宝を求めて

安らかに生きるには

私たちは、幸せの宝を求めて懸命に生きています。それを見守ってくださる仏さまは、私たち一人ひとりが能力に応じて成長し、豊かな心を身につけることを願って、平等にお慈悲をそそいでくださっています。

ところが私たちは、目の前の現象にとらわれて損得を考え、欲や貪りの心を起こします。そのために、さまざまな苦悩を自ら招いているのです。

よく、「人生は山あり谷ありで、苦労ばかりだ」などといいます。けれども、私たちに平坦な道を楽に歩ませようとしている仏さまの眼からご覧になると、自分からわざわざ険しい道を選んであくせくしている私たちの姿が、つぶさに見てとれるのです。

懸命に生きているのに、なぜそうなってしまうのでしょうか。

それは私たちが、仏さまに生かされ、また仏さまの説かれた「法」のなかに生かされていることを忘れているからです。仏さまは、「すべての人を仏の境地に導く」という、ただ一つの目的で「法」（真理）を説かれたのです。

「法」というのは、無始の過去から永遠の未来まで変わらずに存在する根本の道理で、いわゆる真理です。たとえば、生きとし生けるものは互いに支え合い、助け合う関係にあります。そしてまた、すべてのものごとは絶えず移り変わる、というのがもう一つの大原則ですから、その二つを心に刻むことが大切になります。

ところが、ものごとが絶えず移り変わるがゆえに、お互いに支え合い、助け合っているということを私たちはつい忘れ、欲や貪りに傾いてしまいがちです。つまり、真理・法を忘れたところから、不和や苦悩が生まれるということです。

そこで、お互いを生かし合い、身のまわりに調和の状態をつくろうとする心の柔らかさと、何ごともありがたく感謝できる心が、安らかに生きるうえでの大きな条件になるのです。

また、ものごとを悪いほうにばかり受けとると、すべてが「苦」の種になってしまいます。目の前に現われる現象は、仮の姿にすぎません。仮の姿にふりまわされないようにすれば、つらいことも「自分を磨いてくれるもの」と受けとめることができて、常に安らかな心境で過ごせるのです。

仏さまは、私たちが人生を歩むうえで明かりとも支えともなる、尊い宝を授けてくださっているのです。

方便の教えも大事

お釈迦さまは、人びとの境遇や性質、欲望に応じて、それにふさわしい説き方で人びとを救い、導かれました。人生苦の根本原因を示され、「苦」から解き放たれるための方法を諄々《じゅんじゅん》と説いて、大安心《だいあんじん》の境地を与えてくださったのです。

法華経の「方便品」に、「吾成仏《われじょうぶつ》してより已来《このかた》、種種《しゅじゅ》の因縁《いんねん》・種種《しゅじゅ》の譬諭《ひゆ》をもって、広《ひろ》く言教《ごんきょう》を演《の》べ、無数《むしゅ》の方便《ほうべん》をもって、衆生《しゅじょう》を引導《いんどう》して諸《もろもろ》の著《じゃく》を離《はな》れしむ」と説かれているのが、そのことです。

つまり、お釈迦さまは、菩提樹《ぼだいじゅ》の下で悟りを開いてから四十余年というもの、さまざまな因縁話やたとえ話をはじめとする「方便」の教えで、人びとをさまざまな執着から解き放ってこられた、ということです。そして、法華経を説かれて、「すべての人が仏になれる」と明示されたのです。その法華経にいたるまでの教えが「万億《まんのく》の方便」ということであり、それは慈悲そのものです。

立正佼成会に入会して、仏道を歩む過程も、それとよく似ています。「貧・病・争」といった悩みや苦しみから救われて、信仰のありがたさを知り、次いで菩薩行に励むことで、おのずと「法」の核心へと近づいていくのです。

法華経には、「仏さまは不生不滅の宇宙の大生命であって、人間も姿や形は違っても、その『本質』はそのまま仏さまと一体であること」が明らかにされています。けれども、「私たちはみんな仏さまと一体である」という真実を、仏さまの教えに出会ったばかりの人に説いても、すぐにはわかってもらうことができません。

そこで、「欲を捨てなさい」「奉仕をしなさい」「人さまに教えを伝えなさい」「まず人さま、ですよ」と、さまざまな「方便」が示され、一歩また一歩と修行をさせていただくのです。それによって、自己中心だった心のもち方を「人さまや世の中のために」という方向に切り替えることができた、という実感が湧いてきます。そのとき、苦しいと思えた修行や悩みごとのすべてが、むだなことではなく、仏さまの境地に近づかせてもらうための手立てであった、と感謝できるのです。

「方便」の教えを行じていくなかで、「仏さまのお慈悲をいただき、精進していこう」という気持ちに変わると、真実の法門の意味がよくわかるのです。

菩薩の道に歩み出す

私たちの心は、絶えず変化します。いま喜びに満ちあふれていたかと思うと、次の瞬間には怒りに包まれていたりと、その変化はとどまることがありません。けれども、私たちの心は、よいほうにも悪いほうにも、どちらにも行く可能性があることも確かです。ですから、目の前に起きてくる現象をおおらかに明るく受けとめて、「さあ、仏さまの境地に歩み出そう」と、心を切り替えていくことが大切です。

「真理」「法」に随《したが》って歩み出す道には、喜びにあふれた、生きがいのある生活が待っているのです。はたから見ればつらいはずのことにぶつかっても、動揺することもないでしょう。「苦労しながらものごとを解決していくなかに、人生の意義と喜びがあるのだ」と、むしろ苦労を楽しむ人もいます。これが、「道《どう》を以《もっ》て楽《らく》を受《う》け」（薬草諭品）の境地です。

そうなると、その喜びを人さまにお伝えしたくなります。大勢の人と分かち合ったほうが、うれしい気持ちや喜びは何倍にも増すからです。みんなと一緒に喜び、ともに幸せになろうと努力することこそ、人間らしい生き方です。

それは、自分もまわりの人も、ともに生かす菩薩《ぼさつ》としての道を歩むということです。仏さまの教えを信受して「苦」から救われただけでなく、菩薩のような心境になれたことこそが、「信解品《しんげほん》」に説かれている「無量《むりょう》の珍宝《ちんぽう》、求《もと》めざるに自《おのずか》ら得《え》たり」ということです。

私たち一人ひとりが、自分の性格や才能、仕事に応じて、自分も人さまも、世の中全体をも幸せにしていこうとする、創造的で生きがいに満ちた人生を送れば、そこには必ず調和が生まれます。常寂光土《じょうじゃっこうど》が生まれます。それが、「無上の宝」を求める姿なのです。

仏さまとの出会い

お釈迦さまが悟られた「法」

ご命日の式典で、会員さんの体験説法を聞かせてもらうことが楽しみです。ご法に帰依する幸せな心境を語って、深々とご本尊に合掌する姿に、「この方も、日々に仏さまとの出会いを重ねて、安穏な人生を送るに違いない」と、ありがたく思います。

初期の仏典に「法を見るものは我《われ》を見る。我《われ》を見るものは法を見る」というお釈迦さまのお言葉があります。いまの私たちは、お釈迦さまにお目にかかることはできませんが、お釈迦さまが説かれた「法」を信受することで、お釈迦さまにお会いできるのです。

お釈迦さまが悟られたのは、宇宙が誕生して以来、厳然として存在し、あらゆる現象を貫いている法則、つまり「法」でした。また、「法を見るものは縁起を見る。縁起を見るものは法を見る」というお言葉もあります。お釈迦さまは、この世界に起こるものごとを、「縁起」で観じられたのです。

私たちの目の前に起こるさまざまな現象は、「因」（ある原因）と「縁」（ある条件）が結ばれて生まれる仮の現われです。「因」と「縁」の結ばれ方が変化すれば、「果」（結果）も変化します。人間の心の働きも同じです。その真理を知らないために、人びとは実在しないものを実在すると思い、変化するものを変化しないように思います。そして、心配をしたり、苦しんだりするのです。

お釈迦さまは、多くの人がわかりやすいように、八万四千《はちまんしせん》もの法門に説き分けられました。目の前の現象にとらわれて苦しむ人びとを、真理のレールに乗せて正しい生き方に目ざめさせ、一人残らず仏と同じ境地にいたる道に導くためです。それが仏さまの「救い」であって、数多くの法門はお釈迦さまの慈悲のお心のあらわれなのです。

しかし、「法」の理解の仕方は、人びとの機根、つまり理解する能力によってさまざまです。とくに現代人は、目に見えるものや科学で証明されたもののみを信じようとします。そこでお釈迦さまは、「真理」すなわち「法」を、私たちが受けとめやすいように、「仏」という理解しやすい形に表現してくださいました。

いつでも、どこでも、あらゆるものを生かしている不生不滅の存在、それが「仏」であり、立正佼成会の大聖堂に勧請《かんじょう》されている「久遠実成のご本仏」なのです。

ですから、この世のすべてを生かしている「法」、そして仏さまに、心の底から「南無」と帰依していくのが信仰の極致といえるのです。

一心に仏さまを思う

「久遠実成の仏さま」は、いつも私たちと一緒にいてくださいます。たとえば、テレビのスイッチを入れれば、すぐに画像が現われます。それと同じで、私たちの心の波長が仏さまのお心にピタリと一致すれば、仏さまの「救い」にただちに通じるのです。

反対に、煩悩に迷って仏さまのお心に外れた考えのときは、仏さまの「救い」に出会うことができません。仏さまの教えにふれることができないだけでなく、正しい教えを求める仲間に入る機会にも恵まれないのです。

素直な気持ちで、人のため、世のために善行を尽くし、気持ちが柔和で正直なときは、仏さまがいつもそばで「法」を説かれていることを自覚できるのです。

法華経の「如来寿量品《にょらいじゅりょうほん》」に、「衆生既《しゅじょうすで》に信伏《しんぶく》し　質直《しちじき》にして意柔軟《こころにゅうなん》に　一心《いっしん》に仏《ほとけ》を見《み》たてまつらんと欲《ほっ》して　自《みずか》ら身命《しんみょう》を惜《おし》まず　時《とき》に我及《われおよ》び衆僧《しゅそう》　倶《とも》に霊《りょう》鷲山《じゅせん》に出《い》ず」と説かれています。私たちが「仏さまにお会いしたい」と一心に思うとき、仏さまはその場にお姿をお見せくださるのです。

「霊鷲山《りょうじゅせん》」は、マガダ国の王舎城《おうしゃじょう》の郊外にある法華経の説かれた山ですが、ここではその山にかぎらず、仏さまを信じて帰依する人のいる場所を意味しています。私たちが仏さまを心からお慕いすると、仏さまも私たちを思ってくださるのです。それは、真理の働き、法の働きに感応するということで、そこに「仏さまとともにある」という自覚が生まれてくるのです。

こうして仏さまとの一体感が生まれ、法の働きがわかると、私たちが出会う現象は自分の心のあらわれであり、そのまま「仏さまのお慈悲である」と受けとめることができます。

ただ、仏さまの「救い」は、常にプラスの形であらわれるとはかぎりません。たとえば、人間関係を「苦」と感じるのは、自己中心の心によって、まわりとの関係に摩擦が生まれているからです。それを素直に受けとめて、心身を「法」「真理」の道にもどす努力が大切です。常に「法」に帰依し、仏さまを見たてまつることで、苦しみのなかにも仏さまの「救い」を感得できるのです。

さまざまな悩みや苦しみは、私たちが人間として成長するための踏み台です。目の前に現われるすべてのことが、私たちを悟りに導いてくれる「縁」であって、むだなものは一つもありません。

仏教徒として大切なことは、悩む人、苦しんでいる人たちに出会ったときの心づかいです。その「苦」は、仏さまのお慈悲のあらわれであることに気づいてもらえるようなふれあい方を心がけたいものです。それは、仏さまのお慈悲をより深く感謝して味わうための、自分の行でもあるのです。

生活のなかでの実行

仏さまの教えを学ぶということは、生活のなかで教えを実行することです。そして、さまざまなできごとを素直に見聞きしていくことです。すると、ラジオを聞いたりテレビを見たり、新聞や雑誌を読んだりしてふれる話題や、多くの方にお会いして聞かせてもらう話が、すべて仏さまの説法と思えてきます。

何ごとも「教えていただく」という気持ちでいると、「なるほど」とうなずくことばかりで、大方のことが自然によいほうに向かっていくのです。

私は「世界宗教者平和会議」の活動をとおして、さまざまな宗教の指導者と出会いを重ねてきました。神仏を尊ぶ方はどなたも、そのお考えの奥に、私たちが帰依する「久遠実成の本仏」と同じ真理の働きを仰ぎ、世界の平和を願って活躍されています。

こちらが正精進《しょうしょうじん》で歩んでいると、仏さまのような方との出会いが訪れます。「仏性」の働きのままにふれあっていれば、自然に相手を礼拝する気持ちになります。相手を仏さまのように迎えていけば、私たちもまた、仏になれるのです。

一にも二にも「精進、精進」という気持ちで、仏さま、「法」に帰依して仏道を歩ませていただけば、一生のあいだ、常に仏さまとの出会いがいただけるのです。

仏さまとともに

法に随順する生き方

お釈迦さまは、二月十五日の夜半、クシナガラの地で、二本の沙羅の樹の下《もと》で八十年の生涯を静かに閉じられました。ブッダガヤでの成道《じょうどう》からおよそ五十年を、布教・伝道にささげられた半生でした。

法華経の「方便品」に、「唯仏《ただほとけ》と仏《ほとけ》と乃《いま》し能《よ》く諸法《しょほう》の実相《じっそう》を究尽《くじん》したまえり」と説かれています。

「諸法の実相」というのは、この世のすべてのものごとの真実の相ということで、それは仏だけが理解できる、というのです。お釈迦さまがお悟りになった「法」は、無限の過去からこの世界に存在していたもので、この宇宙や世界に生きとし生けるものや、ものごとの関係など、すべてを貫いています。

お釈迦さまは、ご自身が悟られたその「法」を、人びとの性格や機根に応じて説き分けて、さまざまな苦悩から解き放っていかれました。広大なインドの大地を一歩一歩踏みしめ、布教・伝道に明け暮れたそのご生涯は、まさに「慈悲の旅」であったのです。

「法」に随順する生き方を示されたお釈迦さまのご生涯は、常に仏とともに歩まれる姿そのものでした。仏教が時代や場所を超えて受け継がれて、そのお陰さまで、私たちも日々に「法」に照らし合わせた幸せな生き方ができることに感謝したいものです。

お釈迦さまは、ご入滅される間際、お弟子たちに「すべての現象は移りゆくものです。怠らず努力することです」と諭《さと》されました。いまこのときを、「法」に随順して常に正しく、精いっぱい生きることの大切さを示してくださったのです。涅槃会《ねはんえ》を迎える月に、そのことをあらためて深く心に刻みたいと思います。

霊鷲山に参拝して

　昭和三十九年（一九六四年）に初めてインド仏跡参拝の機会をいただいて、お釈迦さまが法華経を説かれた霊鷲山にも参拝しました。頂上にある釈尊説法の座の遺跡で、日本から持参した香を焚《た》いて読経しました。とくに「如来寿量品」の「其《そ》の心恋慕《こころれんぼ》するに因《よ》って　乃《すなわ》ち出《い》でて為《ため》に法《ほう》を説《と》く」「柔和質直《にゅうわしちじき》なる者《もの》は　則《すなわ》ち皆《みなわ》我が身《み》　此《ここ》にあって法《ほう》を説《と》くと見《み》る」という一節は、心をこめて唱えました。

　もちろん、お釈迦さまのお慈悲に満ちたお姿を、いまの世に現《うつ》し身《み》として仰ぐことはかないません。けれども、お釈迦さまが説かれた教えや、お年を召されてもなお布教・伝道に歩かれたお姿をお慕いすることで、霊鷲山の空にお釈迦さまを思い描くことができた気がしました。

　同じく「如来寿量品」に、「質直《しちじき》にして意柔輭《こころにゅうなん》に　一心《いっしん》に仏《ほとけ》を見《み》たてまつらんと欲《ほっ》して　自《みずか》ら身命《しんみょう》を惜《おし》まず　時《とき》に我及《われおよ》び衆僧《しゅそう》　倶《とも》に霊鷲山《りょうじゅせん》に出《い》ず」とあります。

霊鷲山を訪ねなければ、お釈迦さまの教えを胸に刻み、お姿を深く心にとどめることができないのではありません。私たちが一心に「仏さまにお会いしたい」と思うとき、仏さまはその場にお姿を現わしてくださるのです。「是《こ》の処《ところ》は即《すなわ》ち是《こ》れ道場《どうじょう》なり」（如来神力品《にょらいじんりきほん》）ですから、私たちの生活の場がそのまま「霊鷲山」なのです。

霊鷲山を参拝したとき、もう一つ、私の胸に去来するものがありました。それは、私が故郷の新潟県十日町市から上京するときに、父からはなむけの言葉をもらったことでした。父は、こういって私を送り出してくれたのです。

「なるべく暇がなくて、給料の安い、骨の折れるところへ奉公しろ」

霊鷲山の空に、お釈迦さまのお姿と父の声が重なるような気がしました。「人生を正直に、誠実に生きていく心構えを、自身の言葉で示してくれた父も、私にとって仏さまであった」と、しみじみ味わえたのです。

お釈迦さまが生涯をかけて布教・伝道に歩かれたお心は、親がわが子を心配する気持ちと同じであったと思います。私たちも、親が子を思うような慈愛に満ちた気持ちで人さまとふれあって、「法」に随順した生き方をお伝えしていくことが大切です。そこに、真の生きがいある人生が開けるのです。

生活のなかで常に仏さまに見守られているためには、何ごとにも「教えていただく」という気持ちを忘れないことです。すると、立ち居振る舞いにも謙虚さがにじみ出て、大切なことをおのずと身につけることができるのです。

私が昭和十三年（一九三八年）に立正佼成会を創立した目的は、お釈迦さまの精神に立ち返って、仏さまの教えで世の中を立て直そうというものでした。教会道場でのさまざまな修行を、社会や家庭で教えを実践するための稽古場《けいこば》とたとえるのも、その目的を果たすためなのです。

仏さまにおまかせ

次々に「煩悩」が湧く私たちの現状を顧みると、「仏さまに護《まも》られているのだろうか」と、疑問を抱くこともあると思います。しかし、「煩悩」が起きても、「仏さまは、このことをとおして、何を教えてくださっているのだろう」

と受けとめていくことです。

不都合な問題に出会うことを、仏さまの「お手配」と受けとめる考え方も、それと同じです。どのようなことも、自分のいたらなさや非を省みる機会をいただいたものと受けとめていけば、怖いものはありません。

問題に善処するため全力投球して、結果についてはすべて仏さまにおまかせし、解決しなければあらためて努力すればよいのです。それが、仏さまとともにある生き方です。

サンガ、つまり正定聚《しょうじょうじゅ》でのふれあいは、そうした生き方を持続させてくれて、仏さまのお慈悲を人さまにお伝えする勇気を奮い起こしてくれます。

「普賢菩薩勧発品《ふげんぼさつかんぼっぽん》」に説かれる「四法成就《しほうじょうじゅ》」の一番目に、「諸仏《しょぶつ》に護念《ごねん》せらるることを為《え》」とあります。これは、「仏さまが自分を護ってくださっていることを実感しなさい」ということです。

ですから、私たちの幸せを願ってくださる仏さまのお心に、素直な気持ちで飛びこめばいいのです。すると、さまざまな「徳本」を植える気持ちで、善いことを心をこめて励むようになります。そして、おのずと正定聚に入って、

「一切衆生を救おう」という大きな願いを抱いて生きていくようになるのです。

「苦」があるから幸せに

「四苦八苦」をしのぐ

私が十七歳で東京に働きに出るとき、父がこんなことをいいました。

「稼いでも稼いでも暮らしていけないときには、帰ってこい。うちは農家だから、飯だけは腹いっぱい食わせてやる。その代わり、景気負けして帰ってきても、家には入れないぞ」と。

「堅実に生きよ」という意味のこの言葉は、いまでもはっきり覚えています。

ここでいう「景気負け」とは、景気がよいのにまかせて手を広げ過ぎたり、余計なことに手を出して失敗することです。

バブル経済がはじけた現在（平成五年）の不況は、ちょうどそれに当たるでしょう。立正佼成会の壮年部の方々のなかにも、いろいろご苦労されている方が多いのではないかと推察されます。では、この不況を乗りきるにはどうすればいいか、その秘訣《ひけつ》をお教えしましょう。

昔から「楽は苦の種、苦は楽の種」という言葉がありますが、私はそれに加えて「苦を苦にせぬが楽の種」といいたいのです。苦境を乗りきる秘訣はこの一語に尽きる、といってもいいでしょう。

お釈迦さまは「一切皆苦」とお説きになりました。「苦が常態である。当たり前の状態であると諦《さと》れ」とお示しになったのです。

また、お釈迦さまは「四苦八苦《しくはっく》」ということを説かれました。「生《しょう》・老《ろう》・病《びょう》・死《し》」の「四苦」に、「愛別離苦《あいべつりく》」「怨憎会苦《おんぞうえく》」「求不得苦《ぐふとっく》」「五蘊盛苦《ごうんじょうく》」の四つを合わせて「八苦」といい、これらは人間として生まれた以上は避けられない「苦」です。「生・老・病・死」はごく自然の理《ことわり》ですから、「生かされているように生き、死なされるように死ぬ」と悟りきることが大切です。そう悟れば、大いに気が楽になります。

良寛さんも、大地震に遭った友人への手紙に、「災難に逢う時節には災難に逢うがよく候。死ぬる時節には死ぬがよく候。是はこれ災難をのがるる妙法にて候」と書きしるしています。まことに名言だと思います。

さて、「愛別離苦」というのは、愛する人といつかは別れなければならない苦痛で、「怨憎会苦」は、嫌いな人に会わなければならない苦痛です。「求不得苦」というのは、得たいと思うものが思いどおりに得られない苦しみのことで、「五蘊盛苦」というのは簡単にいえば、人間の心や体からさかんに起こってくる苦痛をいいます。

このうち、いちばん問題になるのは「求不得苦」でしょう。人間は、一つのものを得ると、すぐに次の何かを得たいと望み、あるいは「もっともっと、ほしい」という気持ちになります。そんな欲求が完全にかなえられることは、まず、あり得ません。

では、どうすればよいのでしょうか。

お釈迦さまは、その「苦」を解消する絶妙の方法を説かれています。それは

「少欲知足《しょうよくちそく》」ということです。欲望をなるべく少なくし、ほどほどのところで満足することです。そうすれば、いつも心が安らかで、文字どおり満ち足りた気持ちでいることができるのです。

苦境は好機

現在の日本は確かに不況ですが、むしろこれまでの好況が異常だったのです。その異常な好景気に浮かれて、図に乗っていたのが、いま通常の状態にもどったのだと考えればいいのです。それでも、ほかの国に比べればまだまだ豊かであって、平和であって、恵まれています。

それを忘れて貪欲《とんよく》をつのらせるから、「苦」に感じるのです。「このへんで目をさまして、頭を冷やしなさい」という、神仏の「お手配」と受けとめれば、「苦」はずいぶんやわらげられ、楽な気持ちになるでしょう。

現実の「苦」には、外側からやってくるものもあります。世間の不況もそうです。そういった「苦」は、じっと耐えておれば、やがてまた好況がやってくる——それも一つの処方箋《しょほうせん》です。けれども、外側ばかりに気をくばるのはいかにも頼りない処し方です。それよりも、自分自身を堅実に成長させることが大事なのです。

それには、どうすればいいのでしょうか。

自分の生活を〝剪定《せんてい》〟すればいいのです。たいていの植木も、果樹も、ある時期に枝葉をほどよく剪定することで、よい新芽を出し、よい花を咲かせ、よい実を結びます。剪定の時期はその木にとっては「苦」ですが、やがてその「苦」が新生につながるのです。ですから、企業においても日常生活においても、いまの不況は剪定の好機だと思えばいいのです。

南無不況大菩薩

白隠禅師《はくいんぜんじ》は五百年に一人といわれた名僧ですが、禅師が残した墨跡の一つに「南無地獄大菩薩」があります。この白隠禅師の墨跡について、臨済宗南禅寺派管長の柴山全慶老師が『越後獅子禅話』（春秋社刊）に、次のような話を紹介されています。

ある社長さんが経営に失敗し、二百万円のお金を都合できないと、破産か自殺かという窮地に立たされました。万策尽きて、二十年来の俳句の友に借金を申し出ると、「明朝、もう一度お訪ねください」との返事です。

翌朝、かすかな望みを抱いて訪ねると、茶室に通されました。床の間には「南無地獄大菩薩」と書かれた掛け軸がかかっています。一瞬ギクリとしますが、その文字から目が離せず、いつのまにか口の中で「南無地獄大菩薩」と繰り返していました。そして、「逃げても逃げきれない地獄ならば、いたずらに逃げまわるのでなくて、一度その地獄の底まで落ちてみよう」と、腹を据えることができたのです。そうしてその社長さんは、地獄から這《は》い上がることができたというのです。

昨年の売り上げより、今年はさらに上昇するのが当たり前という、経済成長に慣れきった体質を、いま改める時が来たのです。不況に立ち向かう人は、どうかこの話に学んで「南無不況大菩薩」と受けとめる心の余裕をもっていただきたいと思います。

私は、「最悪の条件のときに、最善の方法を考える」という処し方に終始してきました。それが、いまの立正佼成会を築きあげたといえましょう。

感謝で受けとめる

信仰のありがたさ

信仰をもつ人は、人生をありがたく、安らかに過ごせます。仏さまに生かされていることの感謝の心に満たされていますから、だれとでも、心おだやかにふれあうことができるのです。

仏さまに生かされていることへの感謝の思いは、「法」の働きに身も心も溶けこませ、心や行ないを常に人さまのために向けていくことで湧き出すのです。

「法」とは、この世のすべてのものごとに働いている真理のことです。たとえば、世の中に孤立して存在するものは一つもありません。すべてが支え合い、もちつもたれつの関係にあります。このことも真理の一つで、「諸法無我」といいます。ですから、この「法」(真理)を聞けば、だれもが、なるほどと理解できます。そして、その「法」を生活に生かすほどに喜びが味わえるのです。

よく「私は人に迷惑をかけずにここまでやってきた」という人がいます。常識的、道徳的には大切なことかもしれません。しかし、大きな迷惑はかけなかったとしても、多くの方のお世話はいただいてきたはずです。もちろん、そのときどきに感謝はするでしょう。しかし、自分に好都合なことにだけ感謝するというのであれば、人さまに迷惑をかけない生き方も、ほんものとはいえないのです。

信仰を身につけた人は、日々の生き方を常に「法」に合わせていますから、何ごとにつけ「お陰さま」という気持ちを大切にしています。批判を受ければ「足りないところを教えていただいた」と受けとめ、問題が起きれば「心のあり方を反省できる」と考えます。また、仮に成功を収めても「われの力にあらず」という謙虚な気持ちを忘れないのです。そういう気持ちで過ごしますから、一つ一つの出会いを感謝で受けとめ、慎ましい姿勢を崩さないのです。

そうすると、長い目で見たときに大きな違いが出てきます。自然に人さまの支えをいただけるのです。そしてまた、感謝と「法」への帰依が深まります。信仰というのは、そういうものなのです。

感謝の心を学ぶのが修行

お釈迦さまの初期のお言葉を集めた経典「法句経《ほっくぎょう》」に「ひとの生《しょう》を／うくるはかたく／やがて死すべきものの／いま生命《いのち》あるはありがたし」（友松圓諦《えんたい》師訳）という、有名な一節があります。

信仰に徹する生き方のありがたさは、命を授かった感謝を味わえることです。真に人間らしい生き方とは、そうした喜びのなかに見いだせるのではないでしょうか。

ところが私たちは、この体が自分であると錯覚し、目や耳、鼻、口、そして体と、五官のすべてを使って、何でも思いのままにしようとします。それでも満たされなければ、権利を強く主張して周囲との調和を乱してしまいます。そんな人が増えるほど、世の中は住みにくくなるのです。

それよりも、家族や友人、同僚の支え、自然の恵みに感謝して「ありがたい、ありがたい」という気持ちで暮らすほうが、どれほど幸せかわかりません。自分のことばかりを主張する人より、何にでも感謝する人とふれあうほうが、気持ちがいいものです。

人に親切にされたときも同じです。ありがたさに、心があたたまります。その気持ちを大事にしていれば、今度は、自分から人さまに喜んでもらえる行ないができて、ほのぼのとした充足感が得られます。

「少欲知足」というように、授かったもので満足できればいいのですが、「人より余計に働いたから、給料も多くて当たり前だ」などと思うのが人間の煩悩です。「あの人がこうしてくれない」「あの仕事は骨が折れる」という不満や「我《が》」の心が強いと、「諸法無我」の真理に外れてしまいます。そのあげく、「自分は間違っていない。まわりの人が悪い」という偏った考えにふりまわされてしまうのです。

立正佼成会では、法座や道場当番など、すべての修行で感謝の心を学んでいきます。それが生活に生かされ、仏さまの「智慧《ちえ》」と「慈悲」のなかに生かされていることを知ると、もう、じっとしてはいられません。心には、「人さまに喜ばれることをしたい」という気持ちが猛然と湧きあがってきます。そして、「一食を捧げる運動」や「アフリカへ毛布をおくる運動」などの布施行を率先して実践するようになって、その姿に大勢の人が共感を寄せてくださり、運動の輪が広がっていくのです。

「日々ありがとうございます」の意味

佼成会では、「日々《にちにち》ありがとうございます」と、あいさつを交わします。お互いさま、正しい生き方をめざして日々、努力精進できる感謝を表わすのです。

そうした心をもつ人の集まりのなかで過ごしていると、「まず人さま」という気持ちでふれあうときの言葉づかいや、起きた出来事を自分の心や行ないに照らして受けとめることの大切さを肌で感じることができます。さまざまな人生体験をへてきた人の集まりですが、「法」にのっとった生き方を求める気持ちは一つです。一人ひとりのもち味を生かし合うなかで、お互いの仏性を拝み合うふれあいが生み出されていくのです。

仏さまは、私たちに慈悲の心を起こさしめるため、いろいろな現象を見せてくださいます。思いがけない苦難に対しても、「自分のいたらないところを悟らせてくれるもの」とありがたく受けとめ、反省すると、現象の善悪にとらわれない心境に変わります。苦難が、向上の糸口となるご縁として生かされるのです。

そして、その苦難をありがたく受けとめる心も、「大いなるいのち」に生かされている感謝の気持ちから生まれるのです。

職場や学校などでも「日々ありがとうございます」という言葉を唱え、常に人さまのお陰さまという感謝の心で過ごし、一つ一つの出会いをありがたく受けとめていきたいものです。

仏さまの示された戒め

戒は「いい生活習慣」を育てる

いま（平成二年）の日本はかつてないほどの豊かな社会を築きましたが、少々心配なことも起こっています。それは、日本人があまりにも驕慢《きょうまん》になって、日本の利益ばかりを追求しているために、世界の人たちから嫌われ者になりつつあることです。ある調査によると、今後十年間で「他人のことを考えない、わがままな人間が増えて、日本が住みにくくなるであろう」といった声が多かったといいます。

国と国の関係も、人と人の関係も同じですが、「わがまま」が通るということは、じつは不幸なことなのです。相手のことを思いやらずに、自分の「わがまま」を押し通していると、自分の生きる場所、いわば心と生活の居場所がだんだん狭くなっていきます。

ですから、これからの社会では、自分の豊かさを求めること以上に、まわりの人たちとの調和に心をくばること、そのために自分を抑制することが大切になっていくと思います。

「無量義経」には、「憍慢多き者《きょうまんおおもの》には持戒《じかい》の心《こころ》を起《おこ》さしめ」（十功徳品《じゅうくどくほん》）とあります。日本の社会がより複雑で多様な社会になってきますと、つい目の前の利益にとらわれて、「わがまま」な考え方や行動に走りやすくなります。ですから、そこで「持戒《じかい》の心」を起こして、身をつつしむことが大事なのです。私たちは、仏さまの戒めをしっかりと胸に刻んでいなければならないのです。

お釈迦さまは、私たち在家の信仰者のために「五戒」を教えてくださっています。「不殺生戒《ふせっしょう》」（生き物をむやみに殺してはいけない）、「不偸盗戒《ふちゅうとう》」（人のものを盗んではいけない）、「不邪婬戒《ふじゃいん》」（よこしまな男女関係を結んではいけない）、「不妄語戒《ふもうご》」（うそをついてはいけない）、「不飲酒戒《ふおんじゅ》」（酒に飲まれてはいけない）という五つの戒めです。

「五戒」というと、何となく重荷に感じる人もいるでしょうが、「戒」の原語の「シーラ」は「いい生活習慣」という意味で、「こうした習慣を身につけることによって、ほんとうの自由自在が得られ、ほんとうの幸せが得られるのですよ」という教えなのです。

地球は一つの家族

「五戒」の一つ一つについては、あらためて説明しなくてもおわかりのことと思います。ただ、一つだけ強調したいのは、「不殺生戒」です。

「殺生」の最大のものは、いうまでもなく戦争です。しかし、いま、戦争と同じような恐ろしい「殺生」が行なわれつつあるのです。それは大自然の殺生、物の殺生です。

私たちは、広い宇宙でただ一つの緑豊かな「地球」を、荒涼とした砂漠にしかねないことに力を貸してしまっているのではないでしょうか。むやみに森林を伐採し、土壌や空気や川や海を汚染し、大量生産・大量消費によって地球上のかぎりある資源を浪費しているのです。こういう「殺生」を続けていけば、遠からず人類は自滅の道をたどることになるでしょう。

私たちは、今日ただいまから、不退転の決意をもって、快適さを追求する欲望を抑制しなければなりません。そういう抑制は、しばらくのあいだ不自由をもたらしますが、人間は柔軟な適応性をもっていますから、いつしかそれに慣れてくるものです。つまり、「少欲知足」の実践です。

私に、こういう体験があります。水兵として艦隊勤務をしていたころ、朝、顔を洗う水は五合しか使うことを許されませんでした。その五合の水で口をすすぎ、顔を洗い、帽子の日覆《ひおお》い（制帽をおおう白布）の洗濯までしたものです。艦内にある真水はかぎられていて、むだづかいをすれば何十日もの航海は不可能になるからです。

それから六十年たった現在、私たちは水を使いたいだけ使える暮らしを享受していますが、私は自宅の洗面器が大きくて、水を使い過ぎるようで気がとがめるのです。そこで、小さな洗面器を使って顔を洗っています。

水一つとっても、それを節約して使おうとすると、物のありがたさがわかってきます。「物のありがたさ」といっても、日本には物があふれているようなものですから、「どこがありがたいのか」という気持ちもあるかもしれません。しかし、あり余るほどに物が十分に行き渡るというのは、たいへん「有り難い」ことなのです。

目を、世界に広げてみてください。どれほど多くの人が、食べものに、着るものに、住む家に困窮していることでしょう。そう思えば、世界じゅうに物が行き渡るような努力が大事なのです。

確かに、私たちは自分の幸せだけを考えて、今日まで努力してきました。けれども、いま、私たちの住む世界が広がったお陰で、それではすまないことがわかってきたのです。この地球を「一つの家族」として考える時代が来ているのです。

仏教では「一切衆生悉有仏性《いっさいしゅじょうしつうぶっしょう》」といって、一滴の水、一枚の紙にも等しく大切ないのち、「仏性」が宿っているのだと教えています。一つ一つの物が、心から感謝して使わなければいけない、尊い大切ないのちなのです。私たち日本人が、自分の快適さを求めて、何気なく物を使い捨てることが、他の多くの人たちに犠牲を強いることにもなるのです。

つまるところ、「不殺生戒」をみんなが守らないと、「地球」が迷惑することになります。

戒めを守ると自由になれる

お釈迦さまが示された「五戒」のうちでもいちばん大事な「不殺生戒」は、地球と人間が共存するための「調和」を教えているのです。いまこそ、人類が生き残るための絶対的な「生活のルール」といっても過言ではありません。

いまの日本でも、いろいろな犯罪や事件が毎日のように起きています。そのことによって、多くの人が迷惑を受けています。被害をこうむっています。それも結局は、仏さまの戒めを知らない、守らないところから生じているといえましょう。

私たちは、この世のいっさいの人、いっさいの物とつながり合っているのです。そういう世界にあって、「自分の幸せのためには、他を犠牲にしてもいい」という考え方は通りません。そうではなくて、自分とつながり合っているすべての人、すべての物を生かすような考えにならなければ、真の幸せはないわけです。

そういう意味では、私たち宗教者の「説かざる罪」も少なくないのです。日本の隅から隅まで、仏教思想というものをほんとうにわかりやすく、実行しやすく説いて、正しい道に導くことが大切なのです。

仏さまが示された戒めは、ある意味では、人間の生き方に一つの枠をはめるものですが、その戒めを守れば自分が解放されて、自由な境界《きょうがい》が与えられるのです。

同時に、仏さまの戒めは、自分たちが恩恵にあずかっているすべてのものに対しての、感謝の大事さを教えています。感謝することから、「すべてのものが、自分を生かしてくれているのだ」という気持ちが生じてきます。ですから、物を粗末にすることは「殺生」であって、仏さまの戒めに外れていて、それゆえ「仏さまの子としての生き方に恥じる」という気持ちになれるのです。

自分の心のもち方一つで、まわりじゅうが幸せになるか、不幸になるかが決まるのです。したがって、「自分の仏性に恥じない行ないをしていこう」という気持ちになれば、人さまとのあいだは必ず円満になります。自分の心と生活の居場所が広がっていきます。

繰り返しますが、仏さまの示された「五戒」は、自分と他をよりよく生かす教えであるということを信じて、精進してまいりたいものです。

仏さまと約束ずみ

人のために尽くす

自分はいったい何だろうか。人間とはいったい何だろうか……。私たちの生活をふり返ってみると、このような根本問題について考える機会は、案外少ないのではないでしょうか。

ふつうは、どのように仕事を進めようとか、何を食べ、何を飲もうとか、何を着て、何を楽しもうとか、そういった生活上のことに関心が向いているものです。ところが、そういう人生の表面の小波《さざなみ》のようなことだけにかまけて、自分という存在の根本を見つめることを忘れていると、意義ある人生を送ることができず、「ほんとうの幸せ」をつかむことはできないと、私は思います。

「ほんとうの幸せ」というのは、人のために精いっぱい尽くし、自分のまわりを明るくしていくことです。毎日の生活で出会う人たちと、なごやかな関係を築いていくことです。そして、その輪を家族から隣人、地域社会へと広げていくことです。それが、私たちが生きていくうえでのいちばん大きな目標であることは、だれでも思い当たることだと思います。

たとえば、個人の自由ということでいえば、何をしてお金をもうけようが、何をして暮らしを楽しもうが、確かに自由です。ところが、そういう自由を追求していくと、ともすると「足るを知らない貪欲」となりがちで、そこに不満が起こり、悩みが生じてきます。

また、一人の欲求は必ず他人の欲求とぶつかり合って摩擦を生じます。それは個人と個人のあいだだけでなく、民族と民族、国家と国家との争いもそこから生じてくるのです。そのうえ環境の破壊や汚染にもつながって、地球の破滅という危機を招きつつあるのはご承知のとおりです。

では、どうすればいいのか。

道はただ一つしかありません。一人ひとりが自分という存在の根本をふり返って、その本質に気づくことです。自分の本質に気づいた人が増えていけば、人と人との関係はなごやかになり、人間と自然とのあいだにも大きな調和が生じてくるのです。

自分の本質は仏性

それでは、「自分という存在の根本」、つまり「人間の本質」とは何でしょうか。ズバリいいます。「久遠実成の本仏」の分身というべき「仏性」です。その表現でピンとこなければ、「宇宙の大生命」の分身といってもいいでしょう。

法華経の開経である「無量義経」には、「（仏さまは）無相《むそう》の相《そう》にして有相《うそう》の身《み》なり　衆生身相《しゅじょうしんそう》の相《そう》も亦然《またしか》なり」（徳行品《とくぎょうほん》）と説かれています。

――「宇宙の大生命」ともいうべきものは、目に見える姿・形のあるものではないけれども、その目に見えない「宇宙の大生命」が、姿ある身となってあらわれたのが、仏さまである。そして、私たち一人ひとりも同じように、その「大生命」のあらわれにほかならない――という意味がこめられた一節です。

これが人間の尊い「本質」なのです。このことをじっくりかみしめますと、いい加減な人生を送ることはできません。ものごとを正しく見て、正しく思い、正しく語り、正しく仕事をし、正しく生活し、正しい道に精進し、正しいことに一念を向け、正しいことに心を定めるという「八正道」を歩まざるを得なくなります。

また、ほかの人びとも、ほかの民族も、さらには大自然の万物も、同じように宇宙の大生命、つまり「久遠の本仏」の分身であることが納得できると、それらを尊重する気持ちがひとりでに湧いてきます。そこに善意と友情の交流が生じて、究極の念願である大調和の世界（常寂光土）が実現できるわけです。

私たちが信奉する法華経は、徹頭徹尾このことを説いているのです。「方便品」にも、「若《も》し法《ほう》を聞《き》くことあらん者《もの》は　一《ひと》りとして成仏《じょうぶつ》せずということなけん」とあります。つまり「だれでも仏になれる」といいきるのですが、それは、私たちの本質が「久遠の本仏」の分身であり、「仏性」を授かっているからにほかならないからです。

そして実際、立正佼成会の今日までの歩みをふり返ると、会員さんのなかに仏さまのような人がたくさんできてきたように思えて、私はうれしくてたまらないのです。

苦しむ人たちを救うために

みなさんが、どういうご縁があって立正佼成会に入会されたか、それはいろいろでしょう。けれどもみなさんは、じつは、はるかな前世から、仏さまとお約束している身なのです。そのことは、法華経の「法師品《ほっしほん》」に明記されています。

法華経のわずか一節でも、それをしっかりと受持《じゅじ》し、朝夕《ちょうせき》に読誦《どくじゅ》し、あるいは人のために解説《げせつ》し、書写《しょしゃ》したりする人がいるとします。これは、みなさんのような人たちのことです。このような人はどういう人かということについて、お釈迦さまが、次のように保証してくださっているのです。
「是《こ》の諸人等《しょにんら》は已《すで》に曽《かつ》て十万億《じゅうまんのく》の仏《ほとけ》を供養《くよう》し、諸仏《しょぶつ》の所《みもと》に於《おい》て大願《だいがん》を成就《じょうじゅ》して、衆生《しゅじょう》を愍《あわれ》むが故《ゆえ》に此《こ》の人間《にんげん》に生《しょう》ずるなり」（法師品）と。

つまり、この世で法華経に出会うことのできた人は、前世で無数の仏さまを供養した人で、すでに仏になった人が、この世で苦しむ人たちを救うために人間として生まれてきたのである、というのです。

私たちは、この世に生まれてきたときに、前世のことはすっかり忘れているのがふつうです。しかし、私は思うのですが、表面の意識では忘れていても、潜在意識（自分では意識できない奥底の心）では、それを記憶しているのでしょう。そのため、何かの「縁」があれば、われ知らず仏道にひきつけられるのでしょう。佼成会の会員のみなさんが、やはりそうなのです。

前世で多くの仏さまを供養して、「次の世でも法華経の教えを守り、人びとをお救いしたい」と仏さまにお約束をして、この世に人間として生まれさせていただいた……。「私はそういう因縁だったのだ」とかみしめることができたら、大いなる自信をもって修行に励めるはずです。

そして、その修行のなかでいちばん大切なのは、一人でも多くの人を仏道に導いて、「仏性」に目ざめてもらうことです。

先ほどの「法師品」の一節に、「衆生《しゅじょう》を愍《あわれ》むが故《ゆえ》に此《こ》の人間《にんげん》に生《しょう》ずるなり」とあります。つまりみなさんは、貪欲や憎悪や嫉妬《しっと》などによって苦しんでいる人たちを哀れと思って、「あの人たちを救いたい」という慈悲心を胸に抱いてこの世に生まれてきたのです。表面の意識では「私は凡夫に過ぎない」と思っていても、法華経に会い得たという事実において、そういう尊い使命をもっていることが保証されているのです。

その使命を果たすためには、ふれあう人にまず声をかけてみることです。呼びかけてみることです。声をかけないと、せっかくふれあった「縁」が生きてきません。活性化しません。こんな惜しいことはないではありませんか。

どんな人でも「久遠の本仏」の分身であって、「仏性」をもっていることは間違いありません。ですから、その人の「仏性」を開いてあげることは必ずできるのです。そうして、ひと足ずつでも、仏道に踏み入れさせてあげるのです。すぐにその結果が出ない場合でも、その「ひと足」は必ずその人の潜在意識に残りますから、後日、また何かの「縁」によって芽を吹くことがあるのです。

仏法の真理をひと口でいえば、「かくすれば、かくなる」ということです。そして、相手の幸せを真剣に願うと、そこに神仏の守護が加わるのです。人さまを幸せの道へ導いてあげることにつとめていると、自分自身も必ず幸せになれるのです。

ともあれ、みなさんは、前世で仏さまとお約束ずみの身なのです。常にその自覚を胸に刻んでいれば、いかなる困難に遭っても、新しい勇気がりんりんと湧いてくるはずです。大いなる自信も湧いてくるはずです。私はそれを、心から期待しています。

第三章

人に喜ばれる生き方を

菩薩としての道

菩薩行は「まず人さま」

私たちは、在家の仏教徒として菩薩《ぼさつ》の道を歩んでいます。「菩薩行《ぼさつぎょう》」とは、「まず人さま」ということです。いつでも、何を行なうにも、「まず人さま」ということを心がけていると、ものごとは円満に運び、心持ちも楽でいられます。お釈迦《しゃか》さまは、菩薩が身につけるべき徳目として、布施《ふせ》、持戒《じかい》、忍辱《にんにく》、精進《しょうじん》、禅定《ぜんじょう》、智慧《ちえ》という「六波羅蜜《ろくはらみつ》」をお示しくださいました。

「六つもあって、たいへんだ」と思うかもしれませんが、どの徳目からでもいいのです。たとえば「布施」を一つ実行するだけでも、自己中心の心が薄れて、自然に菩薩の道を歩むことができます。立正佼成会では、その「菩薩行」を

「まず人さま」と表現してきたわけです。

「菩薩行」は、まわりの人をあたたかく包みこみます。菩薩の心をもつ人は、ちょっとした言葉にも、感謝の気持ちや相手を思いやる心がこもっていますから、その場をなごませ、人を楽しませるのです。

「方便品《ほうべんぽん》」に「若《も》し法《ほう》を聞《き》くことあらん者《もの》は　一《ひと》りとして成仏《じょうぶつ》せずということなけん」と説かれています。法華経《ほけきょう》の教えを聞いた人は、みんながみんな仏になれる、というのです。ですから、仏さまの教えに出会えば、だれもが生を享《う》けたことに感謝できるようになります。仏になるための道を、まわりの人と手に手をとって、一歩一歩踏みしめていくのです。

法華経には、文殊《もんじゅ》菩薩、弥勒《みろく》菩薩、普賢《ふげん》菩薩の三菩薩をはじめとして、観世《かんぜ》音《おん》菩薩や常不軽《じょうふきょう》菩薩など、さまざまな菩薩が登場して、教えを実践していくお手本を示してくれています。それぞれの菩薩が示す「徳」は違いますが、その根本にあるのは、仏さまの大慈悲心です。

「大慈悲心」というと、仏さまが私たちに施してくださるものと思いがちです。ところが、法華経の教えを説こうとする人の心構えが説かれる「法師品《ほっしほん》」の

「衣《え》・座《ざ》・室《しつ》の三軌《さんき》」のなかに、「如来《にょらい》の室《しつ》とは一切衆生《いっさいしゅじょう》の中《なか》の大慈悲心《だいじひしん》是《こ》れなり」と示されています。

つまり、「多くの人を仏さまの教えに導きたい」という「大慈悲心」は、私たち一人ひとりに授かっているのです。

ですから、悩みに苦しむ人と出会ったときは、「自分は、この人を仏さまの教えのご縁に結ぶために遣《つか》わされたのだ」という気持ちで向き合い、慈悲の心を向けていくことです。素直に、正直に、慈悲の心でふれあうことが、「菩薩行」の要《かなめ》なのです。

させていただく心

私たちは、だれしも自分なりのものの見方や考え方をもっていて、それが独自の個性を形成します。いつも「人さまのために」という気持ちが働けばいいのですが、「自分だけが得をしよう」という考えが強く働くと、まわりの人と角突き合いが起きる原因になります。しかし、お互いの個性を認め合い、生かし合っていけば、個性も「徳」の働きに変えることができるのです。まわりの人の個性を認めていくためには、すべての人に「仏性《ぶっしょう》」が授けられていることを信じることです。

だれもが「仏性」をもつ尊い存在であると信じると、道に外れた考えの人と出会っても、うとんじたりする心は起きません。「あの人は自分中心の考えにまどわされているだけで、必ず仏さまの道を歩めるありがたさをわかってもらえるのだから、その日が来るまで善い縁にならせてもらおう」という気持ちでふれあうことができるのです。

そうした受けとめ方や考え方を揺るぎないものにしてくれるのが、みなさんが日ごろ実践されている「させていただく」という心です。その心を世の中に、より広く浸透させていけばいいのです。

毎朝、散歩をしながら空き缶拾いをされている会員さんがいます。その方も以前は、道に捨てられた空き缶を見ると、「自分は捨てたりしない」という意識があるため、つい他人を責め、嘆いていたそうです。ところが、拾う立場になってみると、考え方がガラリと変わったといいます。

それは、こういうことです。

私たちの住む世界を「娑婆《しゃば》」といいます。つまり、「苦に満ちた世界」という意味ですが、じつは、そのまま「仏国土」であって、生きとし生けるものはすべて「仏の子」なのです。その仏さまの国土を汚さず、自然や郷土を愛していこうという気持ちが深まったそうです。それ以来、捨てられた空き缶を見ても腹が立たなくなり、むしろ、拾わせていただけることがうれしくて、心がすがすがしくなるというのです。

善いことを、心をこめて繰り返す姿をとおして周囲の人のお手本となり、励みとなる存在になっていただきたいと思います。

法座で菩薩行を学ぶ

法座も、「菩薩行」を学ぶ場です。人生の苦労に、ともに涙することもあるでしょう。それも法華経の心です。大切なことは、縁あって同じ場に座ったもの同士、悩みを抱えた人も、聞かせていただく人も、「救い」の糸口を教えていただけるよう、ともに仏さまの前で心を開くことです。

悩みや苦しみを抱えた人に対して、その方の「仏性」を拝む気持ちでふれあえば、心を一つにすることができます。そして、その方も、その「苦」が仏さまの大慈悲であったことに気づいてくれるのです。さらに、「縁起《えんぎ》」や「四諦《したい》の法門」などの教えをとおして「法」をお伝えすれば、その人自身が「苦」を解決する道に歩み出していくのです。

「提婆達多《だいばだった》が善知識」といいます。極悪非道の人をも、善き師として受けとめる、というお釈迦さまのお言葉です。どんなに難儀な問題であっても、それこそが仏さまのお慈悲に気づかせていただける「ありがたいご縁」なのです。そのことに気づくと、どんな問題に出会っても、「法」に照らして自分の心を見つめ、行ないを仏さまの教えに沿わせることができるのです。

人間には、「困っている人を助けたい」と思う慈悲の心もあれば、「人を押しのけてでも幸せになろう」と思う自己本位の心もあります。「法は人によって尊し」といわれます。「法」は、それを信じる人の行ないにあらわれて真価が発揮されるのです。「まず人さま」という心を大きくはぐくみ、人さまのためになる喜びを味わいつつ、まわりの人のお手本となれるよう、「菩薩」としての歩みを続けていただきたいと思います。

己を忘れて他を利する

人さまの幸せを願う人間

一年の初めにあたり、今年（平成七年）もお互いさま菩薩行に一路邁進《まいしん》していきたいと思います。

「菩薩行」というとき、まず思い浮かぶのは、伝教大師最澄《でんぎょうだいしさいちょう》の「己を忘れて他を利するは慈悲の極みなり」というお言葉です。読んで字のとおりですが、自分の都合や損得を忘れて、まず人さまに喜んでいただくことをするのが仏さまのお心に適《かな》う生き方で、最高の慈悲であるということです。つまり、我欲が先に立つような生き方からは、ほんとうの幸せは生まれないのです。

法華経の「提婆《だいば》達多《だった》品《ほん》」には、こんな物語が説かれています。

ある国の王が、「この世で最高の教えを説いてくれる人がいれば、私は一生その人にこの身をささげて仕えよう」という、おふれを出します。そして、名乗り出た阿私《あし》という仙人のお弟子となって、師匠のために木の実をとり、谷の水を汲《く》み、薪《たきぎ》を集めて食事を作り、師匠が疲れたときはわが身に腰かけて休んでもらうというように、一身を師匠のためにささげ尽くします。こうして布施を勤行することで、ついに仏の悟りを得ることができたというのです。

これは、お釈迦さまの前世のお話です。ここまで徹底して自分を捨て去ることはできませんが、私たちも、「手どり」や「お導き」をはじめ、さまざまな布施行によって人さまに尽くしたときの気持ちをふり返ってみると、確かに自分のことは忘れているようです。

立正佼成会の多くの会員さんは、「きょうは、あの人に教えを伝えさせていただこう」「あの人の悩みの相談にのってあげよう」と、毎日あちこちと飛びまわっています。こうして「手どり」や「お導き」に真剣になると、自分の家庭を顧みる時間も少なくなります。その結果、子どもにさびしい思いをさせることもあるかもしれません。

けれども、「相手のために」という思いが徹底されると、仏さまの智慧を授かることができ、子どもの指導も知らないうちに行き届いていきます。たとえば、おやつを用意して出かけたり、帰ったら「ありがとう」と声をかけたりして、ごく自然に子どもの気持ちを満たしていけるのです。

そして、そういう親の姿を見て育つ子どもは、親と同じように、人さまの幸せを願える人間に育っていくのです。それは、すばらしい「人間教育」といえるでしょう。

「あの人の喜ぶことは……」

佼成会では昔から、「まず人さま」という言葉を使ってきました。この言葉は、「己を忘れて他を利する」をごく平易に表現したものといえるでしょう。

ひと口に「まず人さま」といいますが、考えてみれば楽なことではありません。何しろ、自分が得をしたい気持ちを捨てて、人さまの得を先に考えようというのですから、社会一般とは逆の考え方です。けれども、人間は自分を中心に考えがちですから、まず相手のことを先に考えていくと、自分と相手のあいだでちょうど釣り合いがとれるのです。

頭では少し損をするような気がしても、思いきって「まず人さま」を実行してみると、それが自分にとって大きな喜びであることがわかるのです。

「提婆達多品」に「布施《ふせ》を勤行《ごんぎょう》せしに……身心《しんじん》倦《もの》きことなかりき」とあるように、人さまに尽くす布施行というのは、すればするほど喜びが味わえるのです。

陸上競技の高跳びなどでもそうですが、初めは跳べそうにない高さでも、何度も練習を重ねると楽に跳べるようになります。そうするとおもしろくなって、「もっと高く」という意欲が湧いてきます。利他の行も同じで、初めはたいへんでも、いつしかそれが楽しみになっていくのです。

いままで、人のことなど二の次、三の次に考えていた自分が、「たまには相手の喜ぶことを考えてみよう」と思い立って、一つずつ実行していくうちに、人さまを幸せにすることが楽しみになっていきます。そして、そういうことの積み重ねのなかで、「あの人の喜ぶことは……」「この人に幸せになってもらうには……」と、まわりの人のことをあれこれと思いやれるようになって、「慈悲の心」が大きく育っていくのです。

慈悲の心が出発点

「慈悲の心」というのは、仏道の出発点といっていいでしょう。仏教の法門は、「すべての人を幸せにしたい」という、仏さまの大慈悲心から発したものなのです。

もちろん、私たちにも「あの人に幸せになってもらいたい」「この人の悩みを何とかして解決してあげたい」という「慈悲の心」があります。その心を素直に出せる人と、なかなか出せない人がいるだけで、どんな人にもあるのです。そして、「みんなが、その慈悲の心をまっすぐに出せるようになってほしい」というのが、仏さまの願いにほかなりません。

貪《むさぼ》り、怒り、争い、妬《ねた》み、喜び、悲しみと、私たちの心にはいろいろな心がありますが、いちばん尊い心が「慈悲の心」です。自分は何も得することはないのに、ただただ「相手の悩みをぬぐってあげたい」「もっと幸せにしてあげたい」というのが、「慈悲の心」です。そういう慈悲心から発露する言葉は、常にやさしく、柔らかで、相手の気持ちにしみとおるのです。

そういう「慈悲の心」を大きく育てていくためには、伝教大師のお言葉の「己を忘れて他を利する」に徹することが、いちばんの早道といえるでしょう。それは、私たちが法華経の教えを生活のうえに実践していくときの大きな目標でもあります。

そして、そういう「慈悲の心」でまわりの人とふれあっていくと、自分の心のすばらしい向上ぶりに自分で気づいて、楽でないように思えた修行がほんとうに楽しくなっていくのです。

善いことを繰り返す

「諸悪莫作、衆善奉行」


中国の唐の時代、西湖《せいこ》の近くに鳥窠禅師《ちょうかぜんじ》という名僧が住んでいました。この方は、いつも大きな松の木の上で、鳥の巣ごもりのように坐禅していました。

大詩人の白楽天《はくらくてん》がこの地方の長官として赴任したとき、おもしろいお坊さんがいると聞いて、さっそく訪ねてみました。

そして、木の下から、

「仏教というのは、どんな教えですか」

と尋ねると、鳥窠禅師はただひとこと、

「諸悪莫作《しょあくまくさ》、衆善奉行《しゅぜんぶぎょう》、自浄其意《じじょうごい》、是諸仏教《ぜしょぶっきょう》」

と答えました。

「もろもろの悪をなさず、つとめて善いことを行ない、自分の心を浄《きよ》める、これが諸仏の教えである」というのです。

あまりに簡単なので、白楽天が「そのくらいのことは、三歳の童子《わらべ》でも知っていよう」と笑うと、禅師は「三歳の子どもが知っていることを、八十の翁《おきな》でも行なうのはむずかしい」と答えました。さすがの白楽天も感服し、その人を師とするようになったといいます。

有名な逸話ですが、私は、この情景を描いた一幅を法輪閣の一室に飾って、訪ねてみえる内外のお客さまにこの話をさせてもらいます。

「八十の翁でも実行はむずかしい」といいますが、それは、その人の行動のすべてが教えに適うのは容易なことではないという意味であって、そこにいたる入り口には、だれでも立てるのです。

この「衆善奉行」というのも、私たち在家の信者にとっては「毎日の生活のなかで、どんな小さなことでもいいから善いことをしていこう」という意味です。これなら三歳の童子でもできますし、ましてや、ことの善悪を心得ている大人ならだれでもできることでしょう。

仏性を発露させる

ここで大事なことは、何か善いことをしようというとき、それを「繰り返して行なう」ということです。一度できたらもう一度、二度できたら三度と繰り返していくごとに、喜びや楽しみが大きくなっていくものです。

ある善いことを繰り返し、繰り返し行なっていると、いつしかそれが身について、ごく自然にそれを行なうようになるものです。中国の古典の『書経《しょきょう》』に「習い、性《せい》となる」とあるのがそれです。習慣はいつしか、もって生まれた性質と同じようになっているわけです。

では、その「善いこと」とは、どんなことでしょうか。

べつにむずかしく考える必要はありません。道を尋ねる人に親切に教えてあげることでもいい。重い荷物をもっているお年寄りに、手を貸してあげることでもいい。まわりの人にやさしい目を向け、あたたかい言葉をかけることでもいいでしょう。つまるところ、「善いこと」というのは、人さまのためになることをしていくことにほかなりません。もっと広くいえば、世の中のためになるすべてのことが「善行」なのです。

この「人さまのためになることをする」というのは、私たちの心の内にそなわっている本来の心、「仏性」という仏さまのような心の発露にほかなりません。

私たちは、日ごろは自分中心の考えをしているようであっても、本来の心である「仏性」のほうでは、「世のため、人のために役立ちたい」と願っているのです。ですから、人さまに喜んでもらえたときは、自分がだれよりもうれしいのです。それは、私たちの本来の心、「仏性」が喜んでいるのです。そして、人さまのためになることを繰り返していくなかで、「仏性」をごく自然に発揮できるようになっていくのです。

つまりは「習い、性となる」で、その人の人格が次第に高まり、美しく、清らかになっていきます。「六波羅蜜」の一つ、「精進」は、そこのところを教えているのです。

人さまのためになる喜び

以前、三味線《しゃみせん》のお師匠さんから聞いたことですが、お稽古《けいこ》を一日怠ると、それをとり返すのに三日かかるということでした。スポーツの世界でも、同じことがいわれます。野球にしても、テニスにしても、サッカーにしても、一日練習を怠ると元にもどるのに三日かかるといわれるのは、繰り返しの大切さを教えたものでしょう。

私たちは、朝夕《ちょうせき》に法華経を読誦《どくじゅ》しています。それも何気ない習慣になっている人も多いと思いますが、この読経の繰り返しには大きな功徳《くどく》があります。朝夕の読経を続けることで、仏さまの教えが心身にしみとおりますから、本来の心である「仏性」が自然に表に出てきて、人さまのために尽くすことが喜びになっていくのです。

人さまに教えをお伝えするのでも、初めのうちは、たどたどしかったり、ぎこちなかったりしがちです。そういうあいだは、なかなか相手に聞いてもらえないかもしれませんが、そこが「精進」のしどころです。

先輩から聞いた話のなかで、自分の胸にピンときたことをお伝えしようとすると、案外に素直にうなずいてもらえるのです。そうなるとうれしくなって、「あの人にもこの人にも聞かせたい」と、話し方にも勢いがついてきます。

それを繰り返しているうちに、「分別功徳品《ふんべつくどくほん》」に「楽説無礙弁才《ぎょうせつむげべんざい》を得《う》」とあるように、相手の方のそのときの状態に合わせて、自由自在に話せるようになっていくのです。

こうして、仏さまは常に、私たちがほんとうに幸せになる方向に導こうとされているのです。その方向というのは、私たちが自分の本来の心、「仏性」を表に出して生きていくことです。

つまり、善いことを繰り返して行なっていくのは、その「仏性」をいきいきと働かせることなのです。そして、「仏性」のとおりに行動できるようになると、心がいつも前向きで、しかも安らぎがあるということになります。どうか、このことを心にとめておいていただきたいと思います。

助け合って生きている

ごく自然な気持ち

私が生まれ育った新潟県の菅沼という村は、雪深い山村ですから、米や作物もそれほど豊かにとれたわけではありません。しかし、菅沼にはお互いに助け合う習慣や気風というものがありました。農作物が不作の年があると、近在の村ではその日の食を求めて放浪するような人もいたのですが、菅沼では村じゅうの人が手をさしのべて、そうした人を出さないことを伝統にしていました。

農作業でも、何軒かずつ若い者が集まって田植えをしたり、屋根の葺《ふ》き替えに使う茅《かや》を融通し合ったりと、何ごとにつけ、力を寄せ合い、助け合って生きていたものでした。小さな村ですから、互いに助け合わなければ生きていけない面も、確かにあったのでしょう。

ところで、そういう助け合う生き方というのは、人間のごく自然な気持ちから生まれてくるものです。隣に困っている人がいれば「どうしたのか」と相談にのってあげる。そして「こうすればよくなるのではないか」と、知恵を貸してあげる。こうしたことはけっして特別なことではなく、ごく自然な気持ちがそうさせるのです。

私が東京に出てきて行商を始めたころでも、お客さんに病気や家族の不和で悩んでいる人がいると、まだ自分が若いことも忘れて、あれこれと助言めいた話をしたものですが、それも菅沼で育つなかで、自然にそういう気持ちが身についていたからかもしれません。

いまの社会は、助け合いの気風が薄いといわれています。しかし、私はそうは思いません。

街で知り合い同士が出会ったときに、一人が「お元気ですか」と声をかけ、もう一人が「お陰さまで」と答えます。その「お陰さま」という言葉には、目には見えないけれどもお互いに支え合い、助け合っていることへの感謝がこめられているのではないでしょうか。

仏教では「諸法無我《しょほうむが》」という言葉で、すべてのものが互いに支え合う関係にあることを教えています。私たちは、親子や隣人、友人という目に見える関係だけでなく、目に見えない多くのものとつながり合って生きているのです。ですから、身近な人同士が互いに助け合うのは、ごく当然のことなのです。

縁にふれれば慈悲心が

法華経の前置きのお経とされる「無量義経《むりょうぎきょう》」には、「未《いま》だ彼《かれ》を度《ど》すること能《あた》わざる者《もの》には彼《かれ》を度《ど》する心《こころ》を起《おこ》さしめ」（十功徳品《じゅうくどくほん》）という一節があります。

「度する」というのは、悩みの世界から悟りの世界へ渡してあげることですが、苦しみから救ってあげ、幸せにしてあげる、という意味にも広がります。ですから、このお経文は、「これまで人を幸せにすることなど考えなかった人間に、『人さまを幸せにしてあげたい』という気持ちを湧き起こさせる」という意味になります。

じつは、人間はだれでも「まわりの人を幸せにしたい」という気持ちをもっているのです。

人のために役立ちたい。まわりの人の手助けをして、喜んでもらいたい。自分にできることで相手の苦しみを除いてあげ、幸せにしてあげたい……。こういう願いを、だれでも心の底にもっているのです。

ただ、そういう気持ちも、何かの「縁」にふれないと発揮できないのです。人間には「自分が得をしたい」という「煩悩《ぼんのう》」があって、ふだん自分のことに精いっぱいで暮らしていると、人さまのことまで気持ちがまわらないのです。そして、自分一人の力で生きているかのように考えてしまうのです。

しかし、困っている人を前にすると、「かわいそうに、何とかしてあげたい」という思いが湧いてきます。それまで眠っていた「慈悲心」が目をさますのです。

さらに大事なことは、自分が人さまを助けるような実践をしてみると、自分もまた多くの人に助けられていたことに思い当たることです。

みんな人を思うことができる

このたびの阪神・淡路大震災（平成七年一月十七日）では、被災した人たちが励まし合い、助け合う姿が、そこかしこで見られました。また、全国から救援物資が山ほど寄せられ、それを被災者に届けるために、若い人たちがボランティアとして懸命に働いていました。私には、どの人も菩薩のように見え、仏さまの子が走りまわっているように思えました。

ふだんは自分の損得を先に考えている人たちが、いったん何かことが起こると、こうして「慈悲の心」を湧き立たせて、難儀している人のために働くことを無上の喜びとするのです。そうした助け合いの姿に、どんな人間にも「仏性」がそなわっていること、そして「仏性」をいきいきと発揮することのすばらしさを見せてもらった思いがします。

しかも、それが一人や二人ではなく、日本じゅうの人が、「少しでも被災した人の力になりたい」と、心を一つにしたのです。

お釈迦さまは「方便品」で、「若《も》し法《ほう》を聞《き》くことあらん者《もの》は一《ひと》りとして成仏《じょうぶつ》せずということなけん」とお説きになっています。

「一人残らず成仏できる」と強調されているのも、みんながみんな、困っている人を前にすると自分のことを忘れて、手をさしのべることができる心をもっているからです。

この世界はやはり、助け合って生きていく世界なのです。そのなかで、まず自分が「仏さまの子」であることを胸に刻んで、同じ「仏さまの子」であるまわりの人たちを大切にして、幸せになってもらえるような実践をしていくことが大事なのです。

すると、自分もまた多くの人に助けられていたことが見えてきて、感謝の気持ちが湧いてきます。そういう感謝の気持ちがまた、まわりの人に「慈悲心」をそそぐ力になっていくのです。

人の気持ちを酌みとる

自分が下がって相手を立てる

最近の世相で、少しばかり気になることがあります。それは、中高年層の離婚が多いということです。ラジオで「人生相談」のような番組を聞いていても、二十年も三十年も連れ添ってきたのに、夫婦別れをしようというような相談を寄せていたりします。経済的には何の苦労もなさそうに見える社会で、夫婦のあいだがギクシャクしている家庭も多いようです。

直接的な原因としては、やはり浮気のようなことがあるようですが、そこまでいくあいだには、この世でいちばん身近なはずの夫婦のあいだで、気持ちの行き違いが生じたり、気持ちの通い合いがなくなったりしているのです。

ご命日に会員さんの体験説法を聞いていても、離婚寸前までいった話がよくあります。けれども、そういう場合も夫婦のどちらかが、相手の気持ちを酌《く》みとろうと努力するなかで、二人のあいだにあたたかな気持ちの通い合いがとりもどせて、前にもまして幸せな家庭になれたという体験が多いようです。

これも、結局は「自分が変われば相手が変わる」ということなのですが、自分が下がって相手を立てることができれば、そこに円満な関係が生まれてくるのです。それには、自分の気持ちはさておいて、まずは相手の気持ちをよく聞くことです。

人間はだれしも、自分の考えは正しいと思っていて、相手の気にさわるようなことをいっても、その失敗に気づけないことが多いのです。そういう自分中心の見方を続けていると、毎日の何気ない言葉が相手の気持ちを逆なでする結果となりがちです。

そこで、まず「相手の気持ちをよく聞いて、大切にしよう」と、自分の見方を改める努力をすると、柔和な言葉づかいもできるようになり、それがいい弾みとなって、円満であたたかい家庭ができていくのです。

円満な世界を作る

私たちには、だれかに自分という存在を認めてもらいたいという欲求があります。ですから、自分の気持ちを理解してくれる人には、無意識のうちに好感をもちます。

逆にいえば、相手に好感をもたれたい、信頼されたいと思えば、相手の気持ちをよく聞いて、相手を理解することが大事になります。

相手がいま、どんな気持ちでいるのか、何を求めているのか、そこに常に目をくばっていけば、相手とのあいだに信頼の絆《きずな》が生まれていくのです。それは、夫婦のあいだであれ、仕事上の関係であれ、同じことといえます。

「無量義経」に、「衆生《しゅじょう》の諸《もろもろ》の根性欲《こんじょうよく》に入《い》る」（説法品《せっぽうほん》）という言葉がありま す。「根性欲」というのは、機根、性質、欲求のことで、「機根」は「仏の教えを理解する能力」です。それらを正しく把握することが、相手とのあいだに円滑な人間関係を築くうえで大事なことになるのです。

相手の気持ちをよく聞くといっても、相手に話してもらわなければなりません。それにはまず、自分を正直にさらけ出していくことです。自分が正直に心を開けば、相手も素直に心を開いてくれるのです。

私たちは、日常の小さな行動の積み重ねのなかで、自分の住む世界というものを作り出しています。ですから、お互いが胸襟を開いていくところに、互いに生かし合い、感謝し合い、合掌し合える、なごやかな世界が広がっていくのです。

自分のまわりに円満な世界を作ろうと思えば、相手の間違いを指摘して相手を突き放すようなことではなく、柔らかな気持ちで、丸く収まるような話し方を心がけることです。いつも感謝の気持ちで、何ごとでも円満な受けとめ方で表現するように心がけていけばいいのです。

慈悲のまなざしで見る

「相手の気持ちを理解したい」と願う見方の対極にあるのが、相手を批判する目です。いま、日本人の多くは、他者に対する批判者になっているようで、理解者になることを忘れているようです。かつては東京でも、隣近所で味噌《みそ》や醤油《しょうゆ》を貸し借りし合った時代もありましたが、そのころは多くの人が互いによき理解者であったと思うのです。

「観世音菩薩普門品《かんぜおんぼさつふもんぼん》」に、「慈眼《じげん》をもって衆生《しゅじょう》を視《み》る」という言葉があります。慈悲のまなざしで人びとを見るという、とても大事なことが教えられているわけです。

慈悲のまなざし、思いやりの目で見ていけば、相手の失敗を責めたり、怒ったりすることはないでしょう。むしろ、その人の長所を見いだすこともできるでしょうし、どこが足りないかを柔らかく諭《さと》して、いっそうの向上心を奮い立たせることもできるでしょう。さらに、人から叱責《しっせき》されることを恐れて、表面をとりつくろおうとする人の本心も理解できる、おだやかな見方になるはずです。

そういう意味でも、法座修行が大事なのです。立正佼成会の幹部さんには、会員さんの顔を見ただけ、ひとことを聞いただけで、その人の悩みや、救われた喜びを、手にとるように察してあげる人が大勢います。それも、法座でたくさんの人の悩みや体験を聞くことで、人の苦しみ、痛みといった細かい心のひだにまで目が届くようになっているからです。

また、伝教大師に「己を忘れて他を利するは慈悲の極みなり」というお言葉がありますが、同じことを佼成会では「まず人さま」といって、自分のことより人さまのことを考える修行を積んできました。そのなかで、自我で固まっていた心がほどけて、いつのまにか鏡のように磨かれ、人さまの気持ちがまっすぐに映るような心になれた人も多いのです。

いつも自分が正直で、人さまの幸せを一心に考えていれば、人の気持ちもごく自然に酌みとっていけるものなのです。

自分を深める

まわりの人を幸せにする人に

私が小学生のとき、校長だった大海《だいかい》伝吉先生が、各教室の柱に「天は自ら助くる者を助く」という格言を掲げておられました。これは、神仏のご加護をいただくためには、人に頼るのでなく、自分自身が常に精いっぱい努力していなければならない、という意味です。

六年のあいだこの格言を見続けたのですから、この言葉は私の心にしみこんでしまいました。それから約八十年、私の身の上にもさまざまな変動がありましたが、それを乗りきってくることができたのは、心の奥にしみこんだその格言のお陰さまといってもいいでしょう。

　ところで、法華経の教えを行じるにつれて、常に精いっぱいの努力をするというのは、自分を深めていくことでもあるとわかってきました。

「無量義経」の「十功徳品」に、こういう一節があります。

「是《こ》の経《きょう》は本諸仏《もとしょぶつ》の室宅《しったく》の中《うち》より来《きた》り、去《さ》って一切衆生《いっさいしゅじょう》の発菩提心《ほつぼだいしん》に至《いた》り、諸《もろもろ》の菩薩所行《ぼさつしょぎょう》の処《ところ》に住《じゅう》す」

　現代語に直せば、こうなります。

「この教えは、諸仏のお心の内からあふれ出たものです。そしてこの教えは、すべての人びとに無上の悟りを求める心を起こさせるもので、人びとが行なう菩薩行のなかに生きているのです」

　簡単にいえば、「仏道」とは仏さまのお心からあふれ出たもので、みなさんが多くの人を救う心を起こして、それを実践するところにあるのだということになるでしょう。

　私たちは自分の幸せを願うだけでなく、まわりの人を幸せにできる人間になれるのです。それには、仏さまのお心に近づけるように、自分を深めていかなければなりません。これは非常に遠い道のようですが、日々少しずつでも、人さまのために尽くすことを実践していけば、「百里の道も一足から」で、次第に仏さまの境地に近づくことができるのです。

「すべては自分」と受けとめる

立正佼成会では、「主人がお酒を飲んで、暴力をふるうんです」といった悩みを訴える方に対して、「ご主人を恨むのではなく、『すべて自分』と受けとめるんですよ」と指導することがあります。ふつうに考えると、奥さんを困らせているのはご主人のほうですから、少し理不尽なようにも思えます。しかし、「すべて自分」というのは、そこでふれた「縁」によって、自分の心を深く見つめ直すということなのです。

何か不都合な問題に直面したとき、だれしも自分の非は認めず、まわりのせいにしたがるものです。そして、そういう発想が不幸せを招いていることに気がつかないのです。ところが、「すべて自分」と受けとめると、逃げ腰になってはいられません。そして、「仏さまは、乗り越えられない問題は出されない」と信受すれば、その問題に積極的に対処できます。つまり、逆境であればあるほど、その「縁」によって自分の日ごろのあり方が反省できて、自分を深めていけるのです。

相手を責める気持ちでいると、相手の行動の一つ一つが気にさわるものです。そこのところで、「自分はどれだけ、相手に喜ばれることをしてきただろうか」と考えるのです。そうすると「私の苦労の原因だ」と思っていたその相手が、よく考えてみると、自分の足りないところを教えてくれていたことに気づくはずです。

ご主人がお酒を飲んで暴れるといっても、こちらの態度が呼び水になっている面もありそうです。そういう態度を素直に反省できて、自分の気持ちや態度が変わっていけば、当然のこととして、相手の態度も変わってくるのです。

こうして、自分の心のあり方一つで、目の前に現われる状態が一変することを体得することが大事なのです。そうなると、どんな問題が起きても、「こういう問題が出てくるのは、仏さまが私を見守ってくださっていて、ここでもう少し人間味を深めさせてあげようと、大慈大悲の心で、試験問題を与えてくださったのだ。ありがたいお手配だ」と、仏さまを心から信じることができるはずです。

信じて導く

「無量義経」の「十功徳品」には、「未《いま》だ発心《ほっしん》せざる者《もの》をして菩提心《ぼだいしん》を発《おこ》さしめ」と説かれています。この教えは、まだ菩提心《ぼだいしん》を起こしたことのない人に菩提心を起こさせるという功徳がある、というのです。

法華経の教えを行じる功徳は、自分のほうからささげる気持ちになって、「人さまに喜んでいただきたい」という菩薩の心が湧き起こってくることです。まだそういう気持ちのない相手を発心させてあげ、法華経の軌道に乗せてあげることが、相手も自分も、ともどもに幸せになっていく条件なのです。

人さまに喜んでもらえることを実行していくと、それがとりもなおさず、自分の喜びであることがわかってきます。そうなると、うかうかしていられなくなります。鵜《う》の目鷹《たか》の目で探してでも、人さまに喜んでもらえることをしたくなります。いちばん喜んでもらえることといえば、人さまを仏道にお導きすることに尽きます。

ですから、「人さまに幸せになってもらうために、この教えをどう話したらわかってもらえるだろうか。いっときも早く、一人でも多くの人にお伝えさせていただきたい」という気持ちになってくるのです。

仏さまは、私たちすべてを「私の子ですよ」と宣言され、抱きかかえるようにして、仏にまで育てようとされているのです。私たちは、いまはまだ子どもでも、育てば親と同じになれるのです。精いっぱい仏さまの教えを実践して、人さまを幸せにすることに全力をあげればあげるほど、早く親になれるのです。

自分を深めていくのにいちばん大事なことは、仏さまを心から信じる気持ちです。そうなると、何を見ても楽しかったり、うれしかったり、意義深かったりという人生が味わえるのです。

みんな大事な役がある

世のため、人のために

私が四、五歳のころ、祖父におぶってもらって、よく聞かされた言葉があります。それは「世のため、人のためになる人間になるんだぞ」ということでした。その祖父は、若いころに漢方医の手伝いをしたことがあって、「南庭」という号をもらったそうです。そして、村に急病人が出ると、畑仕事の忙しいときでも応急手当てなどに飛びまわっていました。もちろん、無料奉仕です。

その祖父の姿を見て、私は疑問をもったことがありました。私の家はとくに裕福だったわけではありませんから、家のことをほったらかして、人のことにかまけていていいものか、と思ったのです。

ところが、病気やけがを治してもらった人たちが、田畑の仕事が一段落すると、畑でとれた作物をもってお礼にくるのです。そのうれしそうな姿を見て、私もだんだんに、「人のためになるというのは、何と気持ちがよいものか」ということが、心に植えつけられていったように思うのです。

「世のため、人のためになる人間になる」というのはごく平易な言葉ですが、「人間にとって最大の喜びは何か」ということを言い当てていたように思います。人間は、まず自分のためを考えるようにできている、と思いやすいのですが、ほんとうのところは、そうではないのです。まわりの人の役に立てたときのほうが、ずっと大きな喜びを味わえることは、みなさんもよく体験されていることでしょう。

仏教では「諸法無我」と説かれていますが、これも「みんながまわりのために役立ち合うことで、この世界が成り立っている」ということなのです。

法華経には、仏さまがこの世に出られたのは「一大事《いちだいじ》の因縁《いんねん》」があってのことです、と説かれています。その「一大事の因縁」というのは、私たちすべての人間に対して、仏の智慧というものを開き、示し、悟らせ、仏の智慧の道《どう》に入れることなのです。仏さまは、すべての人に「仏性」という仏になれる性質がそなわっているのだから、それをまっすぐに発揮させて、仏になる道《みち》を歩ませたいとおっしゃるのです。

仏さまにそういう「一大事の因縁」があるのと同じように、私たちもまた大事な「因縁」があってこの世に生まれてきたのです。つまりは、みんなが大事な役をもって生まれてきているのです。

先祖供養という大役

職場や地域社会で見ても、みんながそれぞれに役割をもっています。家庭にあっても、父として母として、あるいは妻や夫として、大事な役割があります。表面的に見れば、役には重い役、軽い役といった差があるように見えますが、どの役も欠くことのできない尊い役です。それを佼成会では「御役《おんやく》、御役」といってきました。

たとえば、何もできない生まれたばかりの赤ちゃんでも、にっこり笑って両親の心を幸せいっぱいにするという、他に代えられない大役を果たしています。私たちにはそれぞれ個性やもち味がありますが、みんながもち味を発揮して、その役割を果たしていくことが、その人にとって幸せですし、まわりの人の幸せにもなるのです。

もう一つ、私たちみんなに共通の大切な「お役」があります。それは、ご先祖さまのご供養をすることです。

私たちがこの世に生まれてきたのは、両親があってのことで、さらには代々のご先祖さまがあってのことです。自分の命のおおもとであるご先祖さまを「仏さま」としてお祀《まつ》りして、朝な夕なに真心をこめてご供養をさせていただく。それが、私たちの大事な「お役」なのです。

「仏さま」というと、私たちはまず「久遠実成《くおんじつじょう》の本仏《ほんぶつ》」やお釈迦さまを思い浮かべますが、ご先祖さまも「仏さま」なのです。ごく身近な「仏さま」であるご先祖さまを、朝夕にご供養させていただくことが、ご本仏さまを供養することにつながっていくのです。そして、ご供養ができると、「自分は幸せをいただいている」という感謝の念が湧いてくるのは、自分が「仏さま」と一体になっているからです。

私たちはそれぞれ社会的、地域的にもいろいろな役を果たしています。その前に、私たちは先祖供養という大事な「お役」をさせてもらうために生まれてきたということを、心にとめておくことが大事なのです。

人さまの仏性を開く

三月は、立正佼成会の創立の月です。昭和十三年（一九三八年）に、脇祖・長沼妙佼《みょうこう》先生をはじめ、三十人足らずの仲間とともに呱々《ここ》の声をあげました。まだまだ教団としての体《たい》をなさない小さな信仰団体でしたが、すべての人を成仏させたいという仏さまの本願の実現をめざして、意気軒昂《けんこう》でした。さまざまな苦悩を抱えた人たちに、幸せになれる道をお伝えしようと、日夜、布教に明け暮れたものです。

そして終戦の年、昭和二十年（一九四五年）の十一月に、「久遠実成大恩教主釈迦牟尼世尊《くおんじつじょうだいおんきょうしゅしゃかむにせそん》」をご本尊として勧請《かんじょう》したのですが、そのころから、教えを求める会員さんが急激に増えてきました。

昭和二十三年（一九四八年）に発祥の地に修養道場ができても、すぐに道場の外に百畳を超えるござを敷くほどでした。会員さんたちの子どもが多いことから育子園を設け、次は霊園、病院、図書館を兼ねた行学園、佼成学園（中学校・高等学校）と、毎年のように新しい施設が建設されていったのです。それは、佼成会として社会に果たす「お役」が一つずつ増えていったということにほかなりません。

「立正佼成会をもととして法華経が世界万国に弘《ひろ》まるべし」というご神示にしても、当初はそんな大役がつとまるものとは思いもしませんでした。それでも、私自身も法華経の教えどおりに毎日を精進につとめ、多くの会員さん方が、「まわりの人を仏さまの世界に案内したい」と、異体同心になって力を合わせてくださった結果、それが少しずつ可能になってきたのです。

自分にどんな役があるかと考えるとき、目に見えてすぐにわかる役と、なかなか気づけない役があります。ともかく目の前に与えられた小さな役を一つずつ果たしていくうちに、「ああ、これが私の大事なお役だったのだ」と、気づくときがくるのです。

私たちが果たしていく「お役」のなかで、いちばん大きな「お役」は何かといえば、仏さまから託された「お役」でしょう。

私たちが自らの「仏性」を自覚し、毎日の暮らしのなかでふれあう方の「仏性」を開いてさしあげる。「まず人さま」と、相手の方の幸せを願うふれあい方をさせていただく。それが自分に託された「お役」だと気づくと、毎日が大歓喜《だいかんぎ》の世界になっていくのです。

どんな仕事もみな仏行

この世界は仏国土

立正佼成会の会員さん方、とくに壮年部の方々には、それぞれ大事な仕事を抱えていて、会の活動まではなかなか手がまわらないという人がいると聞いています。そういう方々に申し上げたいのは、何よりもまず、「あなたの仕事そのものが仏行《ぶつぎょう》である」ということです。

この世界は「仏国土」です。「宇宙の大生命」ともいうべき「久遠実成の本仏」が、すべてを生かしている「仏国土」にほかなりません。そこに住む人びとがそれぞれの仕事に心をこめて励むなかで、そのすべてがオーケストラのように調和し、美しく、楽しい「仏国土」をつくりあげるのです。

どんな仕事でも、真剣に打ちこめば楽しいものです。仕事に苦労はつきものですが、その苦労を不平に思っていると、おもしろくないのです。ところが、「この苦労を克服するところに喜びがある」と思ってひたむきにとりくんでいると、いつしか楽しくなってくるものです。

私が、横須賀海兵団の舞鶴練習部に入団したときのことです。「教班」というものが十三あって、私は三教班の級長を命じられました。私は級長として、「骨の折れる仕事は自分が率先してやろう」と、心に決めていました。

舞鶴練習部では、夜の八時になると、その十三教班が交替で便所の掃除をします。その便所当番が、初めて三教班にまわってきました。行ってみると、便所の石が茶褐色に変色しています。そこで私が先頭に立ち、裸足になって、ブラシでガリガリと、徹底的にその垢《あか》を落とすと、元の石の色になりました。検査に来た甲板《かんぱん》士官が「これはどうしたんだ」とびっくりして、「三教班は半年間、便所掃除は免除だ」ということになったのです。「苦は楽の種」とは、まさにこのことです。

また、冬のある夜のことですが、雪が降り出しました。積もると練兵場までの道が埋まってしまいます。そこで私は、故郷での経験を生かして雪かきの道具を作ることにしました。みんなと一緒に夜なべをして雪かき道具をたくさん作り、翌朝、起きるとすぐに、練兵場までの三キロの道をすっかり除雪したのです。みんな、びっくりするやら喜ぶやらでした。

とにかく、苦労なことであっても率先して積極的にとりくむと、それが喜びにもなって、いい結果につながるのです。

仕事をとおして仏になる

鈴木正三《すずきしょうさん》は徳川家康に仕え、出家して曹洞禅をおさめた高僧ですが、『万民《ばんみん》徳用《とくよう》』という著作の「職人日用」という章で、こう説いています。

「ある職人が私に問うた。『菩提を求めるのは大切なことだと思いますが、家業が忙しくて、そんなひまがありません。どうしたらいいのでしょうか』と。私はこう答えた。どんな仕事も、みな仏行である。それぞれの仕事のうえで成仏すればいいのだ。それには、どんな仕事においても、『これは世界のための仕事だ』と知らなければならない。久遠の本仏は百億に分身して世界を利益したもうのである。自分はその分身の一人であるから、したがって、自分の仕事は仏の仕事であり、世界のための仕事であると知ることである」（抄訳）

じつに卓見だと思います。「どんな仕事も、みな仏行である。それぞれの仕事のうえで成仏すればいい」というのは、ほんとうにそのとおりです。「この仕事をとおして、人びとのために役立ちたい」という願いをこめて仕事に打ちこんでいくと、その人たちは必ず仏さまのような人になっていきます。

また、「自分は仏さまの分身だから、自分のしている仕事は仏さまの仕事なのだ」という信念をもてば、ひとりでに仕事三昧《ざんまい》に入っていけることでしょう。

つまり、正三は、どんな人でも仏道を行じているのだと考えているのです。

だれしも自己の向上のために生きているのですが、それは仏教でいえば「仏になる」ためにほかなりません。ただ、それを自覚していないだけなのです。

「仏になる」というと、抹香くさいことのように感じるかもしれませんが、「仏になる」というのは「目ざめた人になる」ということで、「人間は何のために生きるのか」「人間はどう生きるのが正しいか」ということを、はっきりと自覚することにほかなりません。

「地涌の菩薩」の自覚を

このように、どんな仕事でも「仏行」であるという信念をもって、常に真剣に、そして正直に、大歓喜をもって仕事に励むことが大事です。さらに壮年部の方々にお願いしたいのは、それに「地涌《じゆ》の菩薩」の自覚をプラスしていただきたいということです。

法華経の「従地涌出品《じゅうじゆじゅっぽん》」で、他の国土から来ていた菩薩たちが「法華経を説き広めるお手伝いをしたい」と申し出たところ、お釈迦さまはきっぱりと「この娑婆世界には、その任にあたる菩薩たちがおりますから」とお断りになられました。すると、大地に無数の裂け目ができて、仏さまのような尊い相《そう》をした菩薩たちが無数に出現した、とあります。

「大地から涌《わ》いて出た」というのは、現実の生活を体験してきた、という意味です。そして、その菩薩たちは一人で数万人の随順者《ずいじゅんしゃ》を従える者も、数千人の者も、百人ないし十人、一人という者もいました。それは佼成会の導きの親子関係にそっくりですが、企業などで指導的な立場にある人のことでもあるでしょう。そういう人の影響力は大きなものがあります。

壮年の方々の実生活における働きは、まさしくすべて「仏行」です。さらに、そういう社会的な経験を生かして菩薩行に精進されるならば、仏道を歩む喜びが倍加されることになるでしょう。

一隅を照らす人になる

無明の闇を照らす光明

比叡山《ひえいざん》に一乗止観院《いちじょうしかんいん》（のちの延暦寺）を開いた伝教大師最澄は、嵯峨《さが》天皇に上奏した『山家学生式《さんげがくしょうしき》』によって天台宗の修行規程を明らかにしていますが、その冒頭にあるのが有名な次の一句です。

「径寸《けいすん》十枚、是《こ》れ国宝に非《あら》ず。一隅《いちぐう》を照らす。此《こ》れ則《すなわ》ち国宝なり」

「直径が一寸の宝玉が十《とお》あっても、それは国の宝とはいえない。道心《どうしん》をもって世間の一隅を照らす人こそが国の宝である」というのです。

伝教大師は、日本という国を正しく導く人間を、大乗仏教の精神によって育てたいと志していました。「道心」というのは、この場合、仏道をおさめようとする心にほかなりません。

仕事でもそうでしょう。同じ職場にあっても、いつも脚光を浴びる人もいれば、縁の下の力持ちの役にまわる人もいます。自分がめぐり合っている仕事に誠心誠意をもって打ちこみ、その役目を果たしていく。それが「一隅を照らす」ことにほかなりません。

そのような人の体からは見えざる「後光」がさしていて、その後光がまわりの人びとの心を照らすのです。そして、あたたかい光の感化を受けた人がほのぼのとした心になって、自分もまた一隅を照らす人になっていく。そうして一隅を照らす人が次々と増えていけば、日本の社会はすみずみまで明るくなります。だからこそ、伝教大師は「一隅を照らす人こそ国の宝である」と述べられたのです。

いま「後光」といいましたが、もともと「光明」というものは、この世で最も大切なものです。まことに人の心を救い、まことに世に幸せをもたらすものです。

法華経の「序品《じょほん》」をご覧なさい。お釈迦さまの眉間《みけん》から一条の光明がさし出《いで》て、ありとあらゆる世界を照らし出した、とあります。また、大昔に日月燈明《にちがつとうみょう》如来《にょらい》という仏さまが至上の「法」を説かれ、同じ名の日月燈明如来という仏さまが次々に出現なさった、とあります。日と月は、昼と夜を照らしだす一対の「光明」です。

人間が求めるものは、苦しみの闇《やみ》を晴らす光なのです。諸苦の根本である無明の闇を照らす「光明」なのです。伝教大師が「一隅を照らす」といわれたのは、そういった光明であると知らなければなりません。

仏性から発する光をこそ

いまいった「光明」というのは、人間の心の内から発する光です。だれもがもっている「仏性」、人間のいちばんの本質からさし出る光です。そういった光こそが、人間にとっての宝なのです。

一九八九年（平成元年）に、第六回「庭野平和賞」を受けていただいた第二百五十三世天台座主《ざす》の山田惠諦《えたいげいか》猊下は、その受賞講演のなかでこんな話をなさいました。

――アメリカの第十六代大統領になったエイブラハム・リンカーンに、ある人が友人の就職斡旋《あっせん》を依頼しました。「一度、その人に会ったうえで」というので、友だちを会わせました。そして、「どうでした」と尋ねると、「あの面相ではだめだ」という返事です。「顔つきは生まれつきではないか。それを非難するとは」と怒ると、リンカーンはいいました。「四十歳までは親の顔、四十を過ぎたら自己の顔。あの人が、あの年齢であの面相であることは、あの人に宗教心がないことを表わしている。宗教心は、その人の面相を円満ならしめる功徳をもっている。宗教心のない人を、他に紹介することはできない」と――

近ごろの日本には、ハンサムではあるが、どこかうつろな顔をしている青年や、指導的立場にありながら、リンカーンが「だめだ」といったような顔つきの人が多いように見受けられます。享楽こそが人生であるとか、金と物が世界を動かすのだというような風潮が、人間みんながもっている本質、つまり「仏性」の光明を消しているのではないでしょうか。

「仏性」の光がささなければ、真実の友、心の友というものができません。心の友がいなければ、表面はどんなに華やかな生活をしていても、内面は常に冷ややかで孤独です。近ごろ凶悪な犯罪が多いのも、元をただせばそういう耐えがたい孤独から生じたものでしょう。

子どもたちの世界にも、校内暴力や陰湿ないじめなど、以前にはほとんど見られなかった現象が起こっています。これらはやはり、大人たちの心の投影なのです。大人たちが金や物など外の世界の豊かさばかりを追い求め、内なるものをおろそかにして、子どもたちの心に「仏性」の光を投げかけていないからです。

伝教大師の法灯を継ぐ天台宗では、座主である山田恵諦猊下の提唱のもとに「一隅を照らす運動」を繰り広げていますが、これは天台宗だけのキャンペーンにとどまらず、仏教者たる者は残らずその運動に参加しなければならないでしょう。これこそが、日本人の心を荒廃から救い出す道であると思うのです。

一隅を照らすのはどんな人か

では、「一隅を照らす」というのは具体的にどんなことでしょうか。

第一は、あなたがいる場所において、あなたでなければならないといった意味での存在感をもつことです。仕事でも何でもいい、まわりの人が「あの人がいれば」といった信頼感を抱くような存在となることです。そうすれば、まわりの人は自然に、あなたの仕事ぶりや生き方を見習うようになるでしょう。これが、暮らしのうえの「一隅の照らし方」です。

第二は、職業や地位に関係なく、何か一つ内面的な芯《しん》をもつことです。「真心」とか「信念」といったものを内側にしっかりともっていることです。「信仰心」をもつことがいちばんいいのは、いうまでもありません。

そうすると、接する人びとは必ずその「真心」や「信念」、あるいはひたむきな「信仰心」に打たれて、知らずしらずのうちにそれに染まっていくでしょう。つまり、あなたの「仏性」の光によって照らしたことになります。その光に照らされた人は、また他の人を照らすことになりますから、「衆生清ければ国土清し」という言葉どおり、いつかは世の中全体が清らかになっていくことでしょう。一隅を照らす光が、世の中全体を照らすようになっていくのです。

第三は、これがいちばん大事なことですが、善意をもって人のために尽くすことです。どんな小さなことでもいいのです。時には、厳しい言葉を吐いてもいいでしょう。人を包みこむあたたかい心で、「縁」あるすべての人に接して、困っている人があれば親切の手をさしのべていきたいものです。

こんな話を読んだことがあります。

ある私鉄沿線に、小さなまんじゅう店があり、お年寄り夫婦が店を切り盛りしていました。ある日、子どもがだんごを買いに来たとき、あいにくおつりの一円玉が足りなくて、ご主人が店の奥にとりに入ろうとしました。子どもは、「いいよ、一円ぽっち」といって走り出そうとしました。そのとき、ご主人が「お待ち!」と、それまでにないような声で呼び止めて、「多く払ったんだから、いいでしょう」という子どもに、こう言い聞かせたというのです。

「おつりがいらないなら、その串だんごを置いていきなさい。店の品はちゃんと値段が決まっていて、多く払ったからいいというのは間違っているよ」

この話を読んで、「ああ、いいな」と思いました。このご主人は、まさに「一隅を照らす人」だったのです。その子も、いつかはこのことの意味を理解するでしょう。そして折にふれ、事につけ、自分も親切を尽くす人間になるに違いありません。

そのようにして「一隅を照らす人」が増え、その善意の灯《ともしび》が世に満ち満ちるようになれば、そのときこそ、この世は寂光土《じゃっこうど》となることでしょう。荒野に行き暮れた旅人が、はるか彼方に家々の灯を見つけたように、人生の荒野に冷たい夜を迎える人にとって、人の善意、人の親切は心をあたためる火であり、希望を与える灯なのです。

ある朝、目連《もくれん》が、祇園精舎《ぎおんしょうじゃ》の庭に消え残った灯を消してまわると、一つだけ、どうしても消えない灯がありました。それは、難陀《なんだ》という貧しい老女が、なけなしのお金で買った油をささげた灯だったのです。

不思議に思ってお尋ねした目連に、お釈迦さまは「その灯は、たとえ大海の水をそそいでも消えたりはしないよ。なぜならば、その灯は広く人を救うという大心で布施されたからだ」とおっしゃいました。

まことに、善意の灯は消えません。他のために点じた一隅を照らす灯は、いつまでも消えることはないのです。

慈悲の心で生きる

相手との一体感

「慈悲」というものは、自分と他との「一体感」にほかなりません。

たとえば、よちよち歩きの子どもが道端で転んでけがをしたとき、お母さんがとっさに抱き上げ、傷口をなめるというような光景を見かけることがよくあります。ごく自然にお母さんにそれができるのは、子どもとのあいだに強い「一体感」があるからです。

母親は、子どもが自分の分身であることを身をもって知っていますから、子どものためならどんな苦労もいといません。子どもが痛ければ自分も痛い、子どもが悲しければ自分も悲しい思いをします。

そうした母子の「一体感」と同じように、目の前の人が悩み苦しんでいるときは、自分も同じように苦しい思いをすることがあります。このような「慈悲」のあらわれが「一体感」なのです。

「慈悲」の「慈」というのは、人を幸せにしてあげたいという気持ちで、「悲」というのは、人の苦しみを軽くして、救ってあげたいという気持ちのことです。人間のあたたかい感情は、この「慈悲」というものに発しています。

愛情も、いたわりも、思いやりも、つまりは「慈悲」にほかなりません。人とのふれあいのなかで、うれしいものの一つは「理解される喜び」です。その「理解される喜び」を、相手に味わっていただくことも、りっぱな「慈悲」の行です。

「相手から学ぼう」「共感していこう」という気持ちでふれあうと、相手も心を開いて一体になっていきます。重荷を背負っている人がいると、代わりに自分が背負ってあげようと思い、心配ごとを抱えている人がいれば、一緒に話を聞いてあげようという気持ちは、だれでももっています。

「無量義経」の「徳行品《とくぎょうほん》」に、「微《み》滞《たい》先《ま》ず堕《お》ちて以《もっ》て欲塵《よくじん》を淹《ひた》し」とあります。

これは、小さなしずくが土の上に落ちれば、そこだけはほこりがおさまることにたとえて、仏さまの説法が私たちの心をうるおしていく、最初の段階を説いたものです。

たとえ小さなことでも、ふだんから相手のことを思いやるように心がけていると、その積み重ねが習性となって大きな慈悲心に育っていくのです。

感謝と思いやり

三河の国の塩沢村（現・愛知県豊田市）に住む七三郎という人は、浄土真宗の熱心な信徒で、妙好人《みょうこうにん》と呼ばれた一人でした。

その七三郎が、秋の台風が吹いたとき、女房に向かって「きょうの台風は、都のご本山のほうに吹いている。さぞかし、お堂も風当たりがひどかろう」といって、夫婦そろって近くの山に登ってムシロを張り、せめてものご本山の風よけにした、という話があります。

合理的に考える人にとっては、こっけいに聞こえるかもしれませんが、その純真な気持ちが、人びとの心にうるおいを与え、愚直なばかりの心くばりが、世の中の光となっていくのです。

そして、そのような心が人びとのあいだにごく自然に育まれ、発揮されるようになったとき、幸せで安らぎのある世界が誕生します。

このように、「慈悲」のふれあいは作物を育てるのと同じで、即座に結果は出なくても長く続けることによって、水分となり、太陽となり、養分となって相手の心に深くしみ入り、花を咲かせ、豊かな実をみのらせます。

慈悲の連鎖反応

人から「慈悲」をかけてもらうと、ありがたいという気持ちになります。感謝の気持ちが起これば、それだけ心が浄められたことになります。心が浄められれば、おのずと自分も人に親切にしようという気持ちになってきます。

直接、「慈悲」をかけてもらった人ばかりではありません。ある人の慈悲かけを目《ま》のあたりにした人や、人づてに聞いた人も、やはりあたたかな感銘を受けます。感銘を受けたということは、それだけ心が浄化されたということで、その人も何らかのきっかけがあれば、他に対して心のこもった、あたたかいふれあいをするようになります。

つまり「慈悲」のふれあいが連鎖反応のように、人から人に、とどまることなくつながっていくのです。

世界的な数学者だった岡潔《おかきよし》博士は、善行を積むことについて、『春宵十話《しゅんしょうじゅうわ》』（光文社文庫）のなかでこう指摘されています。

「絶えず善行を行なっていると、だんだん情緒が美しくなっていって、その結果他の情緒がよくわかるようになり、それでますます善行を行なわずにいられないようになるのである」

「慈悲」のふれあいによって相手の人が喜ぶ顔を見ると、自分も幸せになり、歓喜をおぼえて、何ともいえないすがすがしさを感じます。

「慈悲」は人間関係の根本でもあり、ふだんから「慈悲」の心を大切にして、あたたかく信頼感のある人間関係を築き、安らぎと生きがいに満ちた日々の生活を過ごしたいものと思います。

幸せを味わう

「少欲知足」が幸せの入り口

バブル経済が崩壊して以来、大半の企業がかつてない不況の厳しさにあえいでいるようです。とはいえ、まだまだ日本人のほとんどは食事に事欠くこともなく、住む家もあり、寒ければストーブ、暑ければクーラーという暮らしをしています。国内で戦争があるわけでなし、いつも直接的に生命の危険にさらされているわけでもなし、世界じゅうでいちばん幸せな暮らしをしているといっていいでしょう。

それなのに、多くの人たちはその幸せに満足できずに、「もっと楽をしたい」「もっと広い家に住みたい」「もっといい服を着たい」といった欲求にふりまわされています。その調子ですと、どこまでいっても満足することはなく、したがって幸福感を味わうことはありません。ですから、ほんとうに幸せを味わいたいならば、まず第一に「少欲知足《しょうよくちそく》」という仏さまの教えを心身にしみこませることだと思います。

「少欲知足」というのは、「欲望をできるだけ少なくして、授かったもので満足する」という精神です。この精神を心身にしみこませていると、いつも平らかな気持ちで、安らかに日々を送ることができて、「自分は幸せだなあ」という感じをしみじみと味わうことができるのです。

私は、米寿のお祝いのときのあいさつで、「最近、私が幸せに感じることは、夜、休む前に書く日記に『きょうも一日、幸せに過ごさせていただいて、ありがとうございました』と書くときです」と話しました。

それを聞かれたある新聞社の社長さんが「これはすばらしい言葉だな」と感嘆されたと聞きましたが、私はそのおほめの言葉を素直に頂戴《ちょうだい》したいと思います。それが、私の正真正銘の正直な告白だからです。

私は、物質的な欲望のいたって少ない人間です。ある教会長さんが、わが家で一緒に夕ご飯を食べて、その質素なことに驚いたことを機関紙誌に書いたことがありますが、ほんとうにごく質素な暮らしで満足しています。それは、人さまを仏道に導くことこそが生きがいであって、何よりの喜びだからです。

いずれにしても、「少欲知足」の実践が、幸せを味わう秘訣《ひけつ》であることは間違いありません。

広く世間を見渡せば

次に、幸せを味わう第二の秘訣は、目を大きく見開いて、広く世間を見渡してみることです。

世界を見渡してみますと、作物が少しもとれず、多くの人が飢えに苦しんでいる国もあります。民族と民族とが憎み合い、局地的戦争を果てしなく続けている国もあります。戦争や迫害のために難民となって他国へ逃れ、食うや食わずのキャンプ生活をしている人もいます。

そういう人たちのことを思えば、三度三度食事をし、夜はあたたかい布団にくるまって寝られるわが身が、どれほど幸せであるか、しみじみ味わうことでしょう。

自分のまわりだけを見ていると、「もっと、もっと」と貪欲《とんよく》がつのりがちですが、広く世界に目を向ければ、自然に「ありがたい」という感謝の気持ちも湧いてくるはずです。そういう感謝の気持ちが、幸せを味わう第二の秘訣といえるでしょう。

仏教徒として最高の幸せ

ここまでのことは、信仰のあるなしを問わない一般の幸せの話ですが、仏教の信仰者としてはもう一つ、大切な幸せの味わい方があります。それは、世の中や人さまのために尽くせる喜びこそが、最高の幸せであるということです。

お釈迦さまの初期のお言葉を集めた「法句経《ほっくぎょう》」に、次のように説かれています。

善きことを作《な》す者は
いまによろこび
のちによろこび
ふたつながらによろこぶ
「善きことをわれはなせり」と
かく思いてよろこぶ
かくて幸《さち》ある行路《みち》を歩めば
いよいよこころたのしむなり
（友松圓諦《えんたい》師訳）

この「善きこと」というのは、考え詰めていけば「人さまのためになること、世の中のためになること」ということになるでしょう。そういうことができたときに、ほんとうの喜びがあるのです。

それもこの世での、そのときだけの喜びでなく、次の世においても、その果報によって幸せを得られる喜びなのです。それが、ほんとうの幸せを味わう道であることは、末尾の「かくて幸《さち》ある行路《みち》を歩めば／いよいよこころたのしむなり」の二行に力強く教えられています。

読者のみなさん。どうか、この詩を暗記するほどに読んでください。世のため、人のためになすことにはいろいろありますが、いちばん尊いのは、人さまに仏さまの教えをお伝えし、仏道に導くことです。そして、その人の「仏性」を目ざめさせ、苦しみから救ってあげることです。これ以上のものはありません。

「この世は苦である」と説かれたお釈迦さまも、いよいよご入滅の日が近づいたのを予知され、最後の旅の途中でヴェーサーリーの町で休まれたとき、このようにおっしゃっています。

「阿難《あなん》よ。この世界は美しいものだし、人間のいのちは甘美なものだ」

私は、こう推測します。お釈迦さまは、この世を貫く真理を悟られ、その真理の道に無数の人びとを導き入れたご一生を顧みられて、何ともいえない幸せを味わわれたのであろう、と……。

仏法は、一人残らず幸せにしようという教えです。みなさんも、この教えを人さまにお伝えできることの幸せを、存分に味わっていただきたいと思います。

初出
月刊「佼成」(佼成出版社発行)
平成元年一月号~平成十年十一月号

本書は、右をもとに編集したものです。

なお、掲載時からの時間の経過にともない、説明を要すると思われることがら等を加筆ならびに修正しました。

編者

庭野　日敬（にわの　にっきょう）
1906年、新潟県に生まれる。立正佼成会開祖。長年にわたり宗教協力を提唱し、新日本宗教団体連合会理事長、世界宗教者平和会議国際委員会会長などを務める。著書に『新釈法華三部経』(全10巻)『法華経の新しい解釈』『瀉瓶無遺』『人生、心がけ』『この道』など多数。1999年、入寂。

立正佼成会ホームページ https://www.kosei-kai.or.jp/

Kosei shuppan

庭野日敬平成法話集2
我汝を軽しめず（われなんじをかろしめず）

2020年6月21日　初版第1刷発行
2020年7月30日　初版第3刷発行

編　者　立正佼成会教務部
発行者　水野博文
発行所　株式会社佼成出版社
〒166-8535　東京都杉並区和田2-7-1
電話　(03) 5385-2317（編集）
(03) 5385-2323（販売）
URL　https://www.kosei-shuppan.co.jp/

印刷所　株式会社精興社
製本所　株式会社若林製本工場

◎落丁本・乱丁本はお取り替えいたします。

ISBN978-4-333-00711-0 C0015

庭野日敬の本

仏教のいのち法華経

●Ｂ６判・函入／４６４頁●定価（本体１、７１４円＋税）

釈尊の教えの結晶――法華経。釈尊伝や仏教の基本的な教えの解説を通して、法華経の精髄と要点を初心の人にも学びやすく説きすすめた好著。『新釈法華三部経』全10巻の語句総索引も収録。

978-4-333-01434-7

現代語の法華経

●Ｂ６判・函入／７０４頁●定価（本体２、６６７円＋税）

人は、生ある限り苦悩から逃れることはできない。そして人々は、永遠にして確かなるものへの願いを抱く。現代人が求めてやまない人生の道標・法華経を中心とした「法華三部経（無量義経・法華経・観普賢経）」の完全現代語訳。

978-4-333-01436-1

もう一人の自分

捨てることからの出発

●四六判／２２４頁●定価（本体１、３８９円＋税）

人は誰でも心の中に〝夢〟と〝希望〟に満ちた、もう一人の自分がいるはず。夢を抱き、可能性に満ち溢れた自分を発見し、生きる自信と勇気を奮いたたせ、前向きな人生を歩むことを教えてくれる心の書。

978-4-333-02180-2

人生、そのとき
不安の時代を釈尊と共に
●四六判／224頁●定価（本体1、389円＋税）

経済的繁栄の陰にひそむ精神的不安・混迷――。世はまさに不安の時代。本書は、釈尊の言葉を現代人が直面する諸問題と絡めて解説した、人生を前向きに、ベストに生きるための〝心の指針〟。

978-4-333-02178-9

人生の杖
新しい自分をつくる
●四六判／232頁●定価（本体1、389円＋税）

自分自身の信念を持ち、人生を堂々と生きる「心」はどうしたら得られるか。時代の変動や苦悩などにとらわれぬ「自分」を培う智慧を、道元、良寛、鈴木大拙などが遺した名言・至言を通して綴った現代人の〝心の羅針盤〟。

978-4-333-02177-2

見えないまつげ
幸せになるものの見方
●四六判／224頁●定価（本体1、389円＋税）

人生は、心の持ち方ひとつで幸せにも不幸にもなる――。自分では見ることのできない〝まつげ〟のように、分かっているようで実はよく見えていない自分の心を見つめ、調えることの大切さを、数々のエピソードを交えて紹介。

978-4-333-02179-6

菩提の萌を発さしむ
庭野日敬平成法話集1
●四六判／272頁●定価（本体1、600円＋税）

平成に入ってからの法話を収録した全3巻シリーズ。待望の第1巻は「発菩提心」をテーマとして編纂され、信仰者として能動的に精進を続けることの大切さを伝える。

978-4-333-00679-3

編・立正佼成会教務部